꼭 알아 두어야 할 생활속의 관혼상제와 돌·수연

관혼상제

꼭 알아 두어야 할
생활속의 관혼상제와 돌 · 수연

관혼상제
冠婚喪祭

사상사회연구소 펴냄 | 차종환 박사 감수

도서출판 사사연

머리말

예부터 전해 내려오는 미풍양속은 어느 민족에게나 다 있다.

우리 겨레는 오천 년이라는 긴 역사와 함께 이어 내려온 미풍양속을 가지고 있으며, 동방예의지국(東方禮義之國)이라 일컬어질 만큼 예부터 조상으로부터 이어받은 충효사상(忠孝思想)을 바탕으로 한 예절(禮節)을 숭상해오고 있다.

온고지신(溫故知新)이라는 말처럼, 면면이 이어져 온 조상의 깊은 뜻을 되새기면서, 이어져 내려온 미풍양속을 잘 지켜나가는 것이 오늘을 살아가는 우리가 우리 민족문화를 올바르게 계승 발전시키는 길이다.

그러나 근래에 들어서서 전통적인 가족제도가 무너지면서 조상에 대한 제례는 경시되고 살아 있는 사람들을 위한 의례를 보다 중요시하게 되었으며, 경제적 풍요와 함께 상례, 혼례, 수연(壽宴) 등의 가정의례는 사치스럽고 호화로워져서 그 폐단이 눈에 보이지 않게 사회적인 문제로 입에 오르내리기도 한다.

오늘날 우리의 생활 속에 자리 잡고 있는 가정의례(家庭儀禮)는 가정의례준칙(家庭儀禮準則)을 따르고 있는 것이므로, 우리 모두가 그러한 미풍양속의 참된 뜻을 이해하여 간소화된 의식이나마 그것에 따라 조상을 바로 섬기고, 그것을 본보기로 자손들에게도 보다 깊은 사랑으로 가르치며 베풀어야 할 것이다.

이 책은 전해 내려오는 풍속을 바탕으로 우리의 생활 속에 자리 잡은 여러 가지 예절과 의식(儀式)을 합리적으로 꾸려나갈 수 있도록 꾸민 것이다. 우리의 아름다운 풍속이 생활 속의 예절과 의식에 바탕을 두고 있는 것이므로, 부디 이 책이 우리의 문화계승과 사회생활에 보탬이 되기를 바란다.

끝으로 이 책은 부족한 점을 수정, 보완하여 다시 출간한 것임을 밝혀둔다.

| 차례 |

상례(喪禮)

제례(祭禮)

돌 · 수연(壽宴)

[관례(冠禮)]

삼국시대부터 전해오는 우리 고유의 성인식(成人式)인 관례는
혼례(婚禮)에 앞서 치러진 의식인데,
남자는 나이 15세부터 20세에 이르는 성년기 동안에
땋아 내렸던 머리를 위로 올려서 초립(草笠)이라는 관을 쓰게 하여
그때부터 성인이 되었다는 것을 나타내었다.
이 의식을 치르지 않고는 혼례를 치를 수 없었으며,
집에서 거느리는 종복까지 주인이 관례를 올려주었다고 한다.

1. 관례의 뜻

오늘날 우리 생활에서 관례는 거의 없어졌다고 할 수 있다.

관혼상제에서의 관례란 일종의 성년식(成年式)을 올리는 것으로 이것은 성년이 되었음을 사회적으로 인정하는 절차인 것이다.

이 관례를 치르면 어엿한 어른으로 사회의 일원이 되어 자기 몫을 하며 결혼도 할 수 있게 된다. 관례는 비단 우리나라에 서만 있는 것이 아니라 이름이나 의식절차가 약간씩 다를 뿐 세계의 모든 민족에게 널리 행해져 온 것이다.

2. 관례의 형식

삼국시대부터 전해오는 우리 고유의 성인식(成人式)인 관례는 혼례(婚禮)에 앞서 치러진 의식인데, 남자는 나이 15세부터 20세에 이르는 성년기 동안에 땋아 내렸던 머리를 위로 올려서 초립(草笠)이라는 관을 쓰게 하여 그때부터 성인이 되었다는 것을 나타내었다. 이 의식을 치르지 않고는 혼례를 치를 수 없었으며, 집에서 거느리는 종복에 이르기까지 주인이 관례를 올려주었다고 한다.

관례는 그 절차에 있어 먼저 주인이 진설(陣設 : 음식을 갖춰서 상을 차려 놓는 것)을 마련하고 의복을 준비해놓는다. 아침 일찍 일가친척들과 동네의 어른들을 초대해 모시고 행하는데, 의식은 관례식을 맡아 진행할 계빈(戒賓 : 관례를 치를 주인이 초청한 손님)을 주인이 모시는 데서 시작된다. 계빈은 주로 성인이 될 젊은이의 스승이나 덕망 있는 주위 인물이 선정되는데 이 모든 것이 준비되면 주인은 3일 전 사당(祠堂)에 고하고 축과 같이 고사(告辭)를 읽었다.

그 절차를 보면 성인이 될 젊은이가 의관과 신발을 갖추고 뜰에 나와서 단정하게 앉는다. 그러면 계빈의 수행원이 정성껏 머리를 빗긴 뒤 머리에 관을 씌운다. 다음 조삼(皂衫 : 검은색의 깃을 둥글게 만든 옷)을 입히고 신을 신긴다. 그리고 계빈은 관을 씌워주며 덕담을 한다.

다음에는 사모(紗帽)를 씌운다. 계빈은 사모를 씌우면서 다시 축복한다. 축사를 읽은 다음 복두(幞頭 : 과거에 급제한 사람이 홍패를 받을 때 쓰던 관)를 씌우고 난삼(襴衫 : 생원, 진사에 합격될 때 입던 옷)을 입히고 가죽신을 신긴다. 이것으로 삼가(三加)의 예는 끝난다. 이어 계빈이 청년에게 자(字 : 본 이름 외에 부르는 이름)를 지어준다. 계속해서 성인이 된 청년이 사당으로 가서 선조에게 성인이 되었음을 고하고, 어른들을 뵙고, 이날 의식을 집행한 손님에게 주인이 술과 음식을 대접하는 것으로 마무리한다.

여자의 경우는 정혼(定婚)을 했거나, 정혼을 하지 않았더라도 나이 15세가 되면 계례(笄禮)를 행한다. 계례란 비녀를 꽂는 의식이며 이때는 어머니가 주가 된다. 계빈은 친척 중에서 예절을 잘 아는 어진 부인을 청한다.

절차는 남자의 경우와 같으나 옷으로는 배자(背子 : 저고리 위에 덧입는 옷)를 준비한다. 남자가 입는 옷은 그다지 호화스럽지 않았지만, 여자의 경우는 화려하게 채색을 했다. 당일 날이 밝으면 옷을 준비해 두었다가 계빈이 오면 어머니가 맞아 방으로 들게 해서 계빈이 비녀를 꽂아주면 배자를 입는다. 제사를 지내고 자(字)를 부르고 나서 어머니가 데리고 사당에 가서 참배를 시킨다.

관례나 계례는 그 절차가 매우 까다로워서 전통 사회에서도 양반 계급에서만 행해졌고, 여자의 계례는 전통혼례식에 흡수되었다.

지금은 이런 관례의식이 점차 사라지게 되어 〈표준의례〉나 〈가정의례준칙〉에서도 언급되지 않는다.

3. 현대의 성년례(成年禮)

고례(古禮)의 관례나 계례를 굳이 현대에 재현할 필요는 없다. 그렇지만 관례와 계례를 일러서 어른으로서의 책임 있는 언행을 깨닫게 하는 것이라면 그런 의미에서의 성년 의식을 생활 여건이 많이 달라진 오늘날에 어떻게 뜻있게 되살릴 것인가 연구해볼 필요가 있을 것이다.

1. 성년례의 종류와 시기

현대의 성년에는 개인적으로 하는 경우와 단체적인 경우가 있다. 성년제를 거행하는 시기는 민법 제4조에 의한 만 19세로 성년에 이르게 된다. 매년 5월 셋째 월요일에 성년의 날자로 정해서 함께 거행한다.

① 개인 성년례의 순서
*사회자가 진행 상황을 완료.
*거례(擧禮) 선언.
*성년자 입장.
*일동 경례.
*성년자 경례.
*이름 묻기.
*다짐 받기.
*성년 선서와 서명.
*성년 선언과 서명.
*큰손님 수훈.
*성년자 일동에게 경례.
*일동 경례.
*필례 선언.

② 집단 성년례의 순서
*사회자가 진행 상황을 완료.

*거례(擧禮) 선언.

*국민의례.

*일동 경례.

*성년자 경례.

*이름 묻기.

*다짐 받기.

*성년 선서와 서명.

*성년 선언과 서명.

*큰손님 수훈.

*내빈 축사.

*주인 인사.

*성년자 경례.

*일동 경례.

*큰손님 하단.

*주최측 행사.

*필례 선언.

*예후 행사.

[혼례(婚禮)]

혼인(婚姻)이라는 말에서 '혼(婚)'은
장가든다는 뜻이고, '인(姻)'은 시집간다는 뜻이다.
그러므로 남자가 장가들고 여자가 시집간다는 뜻으로
말할 때는 '혼인'이라고 하는 것이 옳다.
그러나 요즘에는 혼인이라는 말 대신 결혼이라는
말을 많이 쓰는데, 이것은 가부장제(家父長制)의
사고방식에서 온 것이라고 생각된다.

1. 혼례의 뜻

옛날부터 혼인은 인간의 대사라 하여 엄중한 절차를 밟았다.

혼례란 남녀가 혼인해서 부부가 되는 의식 절차를 정한 것이다. 지금은 대부분 혼례(婚禮)라는 글자는 '혼인할 혼(婚)' 자를 쓰지만 원래는 '어두울 혼(昏)' 자를 썼었다. 이유는 혼례는 해가 저물 때 올리는 예식이라는 뜻이 있었기 때문이다.

혼례를 해가 저물 때 올리는 이유는, 혼인은 남자와 여자 즉 음(陰)과 양(陽)이 만나서 부부가 되는 예식이므로, 그 시간도 양[낮]과 음[밤]이 만나는 해질녘이 가장 합당하다는 취지였다.

또 혼인(婚姻)이라는 말에서 '혼(婚)'은 장가든다는 뜻이고, '인(姻)'은 시집간다는 뜻이다. 그러므로 남자가 장가들고 여자가 시집간다는 뜻으로 말할 때는 '혼인'이라고 하는 것이 옳다. 그러나 요즘에는 혼인이라는 말 대신 결혼이라는 말을 많이 쓰는데, 이것은 가부장제(家父長制)의 사고방식에서 온 것이라고 생각된다. 우리나라의 헌법이나 민법 등 법률에서는 결혼이라는 말은 쓰지 않고 반드시 혼인이라고 쓰는 것을 보더라도 혼인이라고 하는 것이 옳다는 것을 알 수 있다.

혼인이라고 하면 남자는 장가들고 여자도 시집가는 것이 되어 명실상부한 남녀평등의 의미가 될 것이다.

따라서 혼인 예식의 축하 금품의 포장에 쓰는 글도 '축 결혼(結婚)'이나 '축 화혼(華婚)'이라고 쓰는 것보다 '축 혼인'이라고 하는 편이 장가를 들고 시집을 가는데 어울리는 표현이라고 할 수 있다.

2. 혼인의 연령

남자는 30세, 여자는 20세. 이것은 공자의 말로 누구나 알고 있는 옛날 사람들의 혼인 연령이다. 그것에 대해 노(魯)나라의 애공이 "너무 늦은 것 아니냐?"고 묻자, 공자는 "예 (禮)라는 것은 그 극(極)을 말하는 것이지 지나친 것을 말한 것이 아니오."라고 했다. 공자의 대답을 보면 이 연령이 최대의 한계라고 볼 수 있다. 그러나 실제로는 동양의 어느 나라를 막론하고 거의 남자 20세 이내, 여자 17~18세 이내에 혼인하는 조혼이 성행했다.

우리나라의 혼인은 문헌 자료를 참고하면 부여시대에는 일부일처제였으나 실제로는 일부다처제였다. 옥저(沃沮)에서는 민며느리제도가 있었고, 삼한시대에는 공동으로 부부생활을 했다는 기록이 있다. 이런 다양한 풍습을 거쳐 조선시대에 이르러서 유교를 바탕으로 한 윤리의식이 성립되면서 혼인도 통제를 받게 되었다. 따라서 혼인 연령도 남자는 16세~30세, 여자는 14세~26세로 되었는데, 그 이유는 음(陰)인 여성은 젊을수록 아름답고 양(陽)인 남성은 30세 이전이 육체적으로나 정신적으로 가장 왕성했기 때문이다.

현행 민법의 801조와 807조에서 '남자는 만 18세, 여자는 만16세가 되면 부모 또는 후견인의 동의를 얻어 약혼 및 혼인을 할 수 있다.'고 되어 있으나 법적인 규제를 취하는 것이 아니고 기준으로 삼는 것이라고 생각하면 된다.

또 민법 808조에는 '남자 26세, 여자 23세가 되면 호주의 승낙 없이도 결혼할 수 있다'고 규정지어서 법률적으로 허락 없이도 혼인할 수 있다는 것을 인정하고 있다.

혼인의 적정 연령은 정해진 것은 없지만 경제력, 임신과 출산 시기, 부양 능력 등의 개인적 사정을 고려해서 정해야 할 것이다.

예부터 혼인하는 당사자나 양쪽 부모 중 상(喪)을 당했을 때는 1년 이내에는 혼인을 하지 않는 것이 좋고, 배우자가 죽은 후 3년 이내에는 재혼을 하지 않는 것이 전해 내려온 관습이다.

3. 현대의 혼례

시대가 변함에 따라 혼례의 절차도 많이 바뀌었다. 현대식 혼례의 과정은 ① 혼담, ② 맞선, ③ 교제, ④ 약혼, ⑤ 혼수 준비, ⑥ 예식의 준비, ⑦ 예식, ⑧ 신혼여행, ⑨ 혼인 신고의 순서로 진행되는 것이 보통이다. 이중에서 ①②③⑨항은 혼인에 준하는 절차인데, 혼인 행위에 버금가는 절차라 할 수 있겠다.

세계에 있는 모든 나라들이 혼례식은 그들의 풍속을 따르지만 선진국일수록 그 제도나 절차가 간소하게 행해지고 있다. 특히 구미 여러 나라에서 실시되고 있는 혼례식은 우리나라처럼 번잡하고 형식화된 절차 없이 당사자들이 합의한 날짜에 목사나 신부(神父)의 주례로 교회나 지정된 장소에서 간단한 혼례식을 치름으로서 부부가 되는 것은 누구나 잘 알고 있는 사실이다.

옛 법도에 따른 우리나라의 혼례 절차는 너무나 번거로운 것이 사실이나, 그 근본은 성대하게 하는 것만이 아니고 간결하면서 경건하고 정중하게 하는 것이라고 볼 수 있다. 그러므로 현대의 혼인도 옛날의 법도를 도외시 할 수는 없는 것이며 현실에 맞게 절차를 간소화하고 방법을 조금 다르게 한다고 생각해야 한다.

가정의례에 관한 법률 및 준칙에서도 본래의 좋은 뜻을 살려 간결하면서도 경건하고 정중하게 하게끔 했다.

1. 혼담과 맞선

남녀 모두가 혼인 적령이 되면 자기의 배필을 구하여야 한다. 사귀는 이성이 있으면 배필로서 자기에게 합당한가를 부모나 친지, 선배와 상의해서 결정한다. 사귀는 이성이 없으면 믿을 수 있고 인생의 경험이 풍부하며 활동 범위가 넓은 사람에게 자신의 희망, 직업, 인생

관, 신체적 결함, 성격의 결점, 가정 문제의 고충 등을 정직하게 밝히고, 배필을 구해달라고 정중하게 부탁한다. 이때 혼담을 부탁받은 사람은 양편의 처지와 형편을 보태거나 뺌이 없이 거짓 없는 중매를 선다.

현대의 혼인은 옛날처럼 신랑의 성품은 물론 얼굴조차 보지 못하고 혼인 하던 그런 시대가 아니므로, 자유스런 연애로 이루어지거나 중매를 할 경우에도 맞선을 본 후에 얼마간의 교제를 갖은 뒤에 서로의 판단을 중시해서 하는 것이 상례다.

중매자가 중간에서 양쪽의 의견을 모아 정해진 장소에서 서로 인사를 나누는 것이 맞선이다. 이때 양가의 어른이 동반하는 것이 상례지만 경우에 따라 당사자끼리만 만나는 수도 있다. 맞선이란 처음 만나는 것인 만큼 서로 인사를 나누고 말을 나누어 인상과 용모를 살펴보고, 서로가 불쾌한 감정이 없다는 생각이 들면 좀더 구체적으로 상대의 가정 형편과 성품을 알아보기 위해서 교제를 한다. 교제 중에 마음에 들지 않으면 만나지 않으면 되고 부담을 가질 필요도 없다.

얼마 간 사귀다가 둘 사이에 애정이 생기면 부모의 허락을 받아 결혼하기로 결정하면 된다. 이처럼 현대의 혼인은 당사자들을 중심으로 서로의 인격을 중요시해서 결정하는 것이 옛날의 혼인과 다른 점이다. 초혼(初婚), 재혼(再婚)을 막론하고 요즈음은 중매를 전담하는 결혼상담소라는 곳이 있어서 친지가 많지 않고 교제성이 없는 사람들이 많이 이용하고 있다.

2. 약혼식

두 남녀가 교제나 소개를 통하여 결혼하고자 하는 마음이 굳어지면 결혼에 앞서 약혼을 하게 된다. 사실상, 약혼이란 결혼에 버금가는 절차이므로 일단 약혼을 한 후에는 정당한 이유(약혼을 파할 만큼 중대한 사유)가 없는 한 파혼할 수 없다.

약혼식은 양가의 가족과 가까운 친지들이 모인 가운데 양가를 잘 아는 사람이나 중매자의 사회로 진행된다.

① 약혼선언, ② 예비 신랑 신부의 약력 소개, ③ 사주단자 전달 및 약혼 선물 교환, ④ 양가 가족 및 친지 소개, ⑤ 환담의 순서가 대체적인 약혼식의 절차이다.

약혼을 했으나 파혼을 하게 되는 경우도 있는데, 그렇게 되면 받은 예물을 즉시 되돌려 주어야 하며 파혼하게 된 까닭이 상대방의 잘못이 아닐 경우에는 물질상의 손해뿐만 아니라 정신적인 손해도 감안하여 손해를 배상하여 주는 것이 옳다. 약혼한 뒤에도 일방적으로 파혼을 선언할 수 있는데, 그것은 다음과 같은 경우가 생겼거나 발견되었을 때이다.

① 약혼 전에 있던 신상의 중요한 문제를 고의적으로 숨겼을 때.
② 약혼 후에 중요한 범죄행위를 했을 때.
③ 약혼 후에 금치산(禁治産), 준(準) 금치산의 선고를 받은 때.
④ 성병이나 나병 또는 불치의 병에 걸렸을 때.
⑤ 약혼 뒤 2년 이상 소식이 없을 때.
⑥ 정당한 사유 없이 혼인을 지연시킬 때.

약혼식은 가족적인 분위기 속에서 행해지며 신랑, 신부의 부모형제를 비롯하여 가까운 친척과 친구들만 참석하는 것이 보통이고, 식 절차도 약혼을 공개하고 선물을 교환하는 정도에서 그친다. 약혼식에 교환하는 선물로는 보통 탄생석으로 맞춘 약혼반지, 시계 등이며 양가의 형편에 따라서 조절한다.

선물 교환이 끝나고 나면 양가 친척들에게 두 사람을 일일이 인사시키고, 소개한다. 소개가 끝나면 약혼식은 끝난다.

이어서 간단히 회식(會食)을 하는데, 이때에 가족들과의 대화가 있을 것이므로 서로가 잘 아는 사이라도 언행을 조심스럽게 해야 한다.

약혼이란 이미 정혼(定婚)하였다는 것이니, 혼인과 다름이 없는 것으로 혼례식을 치를 절차만 남은 부부가 된다. 그런데도 흔히 약혼식을 올리면서도 약혼서(約婚書)는 작성하지 않는다.

가정의례준칙 제5조에 의하면 '약혼을 하는 경우에는 당사자의 호적등본과 건강진단서를 첨부한 〈별지 1〉의 서식에 의한 약혼서를 교환함으로써 행하되 약혼식은 따로 거행하지 아니한다'고 되어 있지만 아직 일반화는 되어 있지 않은 실정이다.

〈약혼서 서식(約婚書 書式)〉

약 혼 서

구 분	남	여
본 적		
주 소		
성 명		
주 민 등 록 번 호	.	
생 년 월 일		
호주의 주소 : 성 명		

위 두 사람은 다음과 같이 혼인할 것을 약속함.
  1. 결혼 예정일 :
  2. 기타 조건 :

                                        년   월   일

          약혼자
                  (남)   인
                  (여)   인
          입회인
                  (남자측) : 주소
                            성명   인
                  (여자측) : 주소
                            성명   인

※ 첨부 : 호적등본 1부 건강진단서 1부
※ 민법 제808조의 규정에 의한 동의를 요하는 경우에는
   입회인은 그 동의권자로 한다.

약혼은 혼인을 하기 위한 당사자 간의 서약(誓約)이다. 그러므로 혼인의 원인행위(原因行爲)이니 자칫 허례, 허식에 치우치지 않는 실질적인 서약이 되도록 해야 한다.

파혼할 아무런 이유가 없는데도 불구하고 일방적으로 한쪽에서 파혼을 선언할 때를 대비해서 약혼서는 절대적으로 필요한 것이다. 요즘 들어서 약혼을 하고 나서 파혼을 하는 경우가 종종 있다. 이것은 약혼을 하나의 교제 그 이상으로 생각하지 않는 안일한 생각에서 오는 결과라 할 수 있다.

일정 기간 동안 서로 사귄 뒤라 상대방에 관해서 어느 정도는 안다고 해서 새삼스럽게 하는 호적등본과 건강진단서의 교환 등을 쑥스럽고 불필요하게 생각할 수 있겠으나, 냉정하게 판단하면 자신의 평생에 있어서 행(幸)과 불행(不幸)의 중대한 문제를 결정하는 것이므로 마땅히 실천해야 하며 모두가 습관화되도록 노력해야 할 것이다.

① 기독교에서의 약혼

기독교식으로 약혼을 하는 경우에는 목사가 주례자 겸 사회자가 되어 식을 진행한다. 교파에 따라 차이는 좀 있으나 대개는 다음과 같은 순서로 진행된다.

*개식사 : 약혼식을 시작하겠다는 말이 있고 나면 성경 구절을 인용한 약혼의 중요성을 인식시키는 설교가 있다.

*기도 : 결혼할 때까지 하나님의 뜻에 따라 살게 해주라는 기도를 올린다.

문답 : 성경 위에 손을 얹고 약속한다.

*예물 교환 : 주례 목사가 일단 선물을 받아서 공개한 다음 신랑은 신부에게, 신부 신부는 신랑에게 예물을 준다.

*주례사 : 하나님의 뜻으로 하나님의 자녀답게 살라는 부탁 말씀을 하고 약혼과 결혼은 별개이니 결혼 때까지 순결한 교제를 하도록 하라고 말한다.

*찬송

*폐식사 : 식이 끝나면 양가의 가족과 친척 소개를 한다.

② 천주교에서의 약혼

"약혼은 혼배(婚配)를 하자는 계약이다."

〈한국가톨릭지도서〉에 있는 말이다. 약혼은 두 당사자의 서명날인과 본당 신부나 감목, 또는 두 증인의 서명날인이 있는 문서로 해야 한다. 당사자들이 글을 모르는 경우에는 두 증인이 그런 사유를 기입하고 서명, 날인한다.

이런 방식이 아닌 약혼은 인정할 수 없는 약혼이다. 이처럼 천주교식 약혼은 문서(文書)를 중요시 하며, 약혼자는 교리에 따라 절대로 육체관계나 한 집에서 동거를 하면 안 된다.

③ 천도교에서의 약혼

〈천도교의절(天道教儀絶)〉에는 약혼에 대하여 이렇다 하게 설명해 놓지 않았다. 다만 약혼 시에 당사자 및 가족 모두가 청수(清水)를 봉전(奉奠)하고 심고(心苦 : 일종의 기도)를 한 후 양가의 주혼자(主婚者)가 약혼서를 교환한다고만 기술되어 있다.

④ 불교에서의 약혼

예규(禮規)인 〈석문의범(釋文儀範)〉에 기술된 것은 없다. 일반적인 절차로 해도 무방하다는 견해인 것 같다. 꼭 불교식으로 하고 싶다면 승려를 초대하여 그분께 일임하거나 절을 찾아가 그곳에서 하는 법도대로 하면 되겠다.

3. 택일(擇日)과 청첩장

예식을 치르기 위한 준비로서는 예식 일자의 택일, 주례의 초빙 교섭, 예식장 결정, 예식 복장 준비, 혼인 반지의 맞춤, 청첩장 발송 등이 있다.

약혼식이나 또는 그 뒤에 사주(四柱)가 보내지면 신부 집에서는 택일을 하여서 신랑 집에 통고한다. 그러면 신랑 집에서는 그대로 따르거나 양가의 의논 하에 새로운 날을 잡아 혼인 날짜를 결정하면 된다.

〈사성서식〉

金海後人 金○○

甲子

乙丑

丙寅

丁卯

36Cm

65Cm

甲子 二月 八日 寅時生

*세로 36cm, 가로 85cm의 화선지에 5단(1단에 17cm씩)으로
접어서 중앙에 신랑의 생년월일을 세로로 내려 쓴다.

〈사성 봉투〉

사성(四星)이란 신부가 될 여자의 집에 보내기 위해 신랑의 사주를 쓴 것을 말하고, 사주 (四柱)란 생년월일과 태어난 시(時)를 간지(干支)로 나타낸 것을 말한다.

혼례 일을 정할 때에는 좋은 날을 받기 위하여 여러 가지로 생각하고, 역학(易學)을 하는 사람을 찾아가 택일을 하기도 한다. 좋은 날을 잡기 위해 정성을 다하는 것은 신랑, 신부의 행복을 빌어주는 의미에서는 좋다고 하겠으나 미신이나 점술 등에 의존하는 일은 적절하지 않다고 생각한다. 그래서 요즈음에는 이에 전적으로 의존하지 않으며, 한여름의 더위와 겨울의 추위를 피하는 것과 양가의 다른 대사 일정 등을 참작하여 양쪽이 다 편리할 수 있는 날을 의논하여 정하고 있다.

　요즈음은 예식장의 형편이라든가 당사자 간의 사정 및 하객의 참석 등을 고려해서 일시(日時)를 정하는 경우가 많다.

　주례는 혼인 뒤에도 신혼부부를 생각해주고 지도해줄 수 있는 은사나 지방의 잘 아는 지도급 인사를 초빙한다. 주례를 부탁할 때는 부모나 본인이 직접 찾아가서 부탁의 말을 해야 하고 가능하면 신랑, 신부가 혼인 며칠 전쯤 다시 찾아가서 인사를 한다.

　청첩장은 보내지 않으면 정말로 섭섭해 할 사람과 참된 마음으로 축복해 줄 사람에게만 보낸다. 청첩장은 적어도 혼인식 2, 3주 전까지는 받아볼 수 있도록 발송해야 한다. 사회생활이 복잡한 현대 사회에서 개인의 사적인 생활 또한 분망하므로 여유 있게 참석할 수 있도록 시간을 주는 것이 예의이다.

　오늘날 청첩장의 양식은 다양한 양식과 견본이 있으므로 본인들의 취향에 맞추어 선택하면 된다.

〈청첩장 서식의 예〉

모시는 글

○○○의 장남 ○○군
○○○의 차녀 ○○양

두 사람이 사랑으로 만나 진실과 이해로써 하나를 이루려 합니다.
이 두 사람을 지성으로 아끼고 돌봐주신 여러 어른과 친지를 모시고
서약을 맺고자 하오니, 바쁘신 가운데 두 사람의 장래를
가까이에서 축복해 주시면 고맙겠습니다.

장소 : ○○예식장
시간 :　　년 월 일 시(음력 월 일) ○요일
○○○ 귀하

4. 혼수(婚需) 준비와 함 보내기

혼수는 각 지방의 풍속에 따라 다른 점이 있으나 대체로 신부 측에서 옷장, 이부자리 및 의류 등속을 혼수로 준비하는데, 넉넉지 못한 집에서는 큰 부담이 되고 있다. 가정에 따라서는 자녀의 혼례(특히 여자 쪽)를 치르기 위해 가재와 전답을 파는 예가 적지 않다. 신부가 신랑 쪽에 드리는 예단도 전에는 신랑의 부모에게 드리는 비단을 준비하는 정도였으나, 오늘날에는 신랑의 부모는 물론이며 가까운 친인척에게까지도 예물을 준비하기 위하여 예단을 짜는 일부 가정도 있어서 가세가 넉넉하지 못한데다가 혼기를 앞둔 처녀가 있는 가정에서는 커다란 근심이 되는 경우가 있다.

혼수는 여유 있는 가정이라도 되도록 근검, 절약하여 꼭 필요한 것만을 준비하여 지출을 줄이는 것이 현명하다.

혼인 반지는 영구불변(永久不變)을 의미하는 금으로 하고, 반지 이면에는 혼인 날짜와 신랑, 신부의 이름을 새겨 넣기도 한다. 값이 비싼 다이아몬드 반지를 준비하는 경우도 많은데, 그 반지가 깊숙이 간수만 해 놓는 귀중품이 되거나 나중에 손해를 보고 팔아 써야할 경우도 적지 않다.

일부 계층에서 혼수문제로 물의를 빚고 있음은 혼수 본래의 뜻을 모르는 몰지각한 일이라고 하지 않을 수 없다. 이런 풍조는 없어져야 할 폐단이다.

함은 결혼식 전날 저녁에 보내거나 일주일 전 혹은 3일 전에 보내기도 한다.

함의 내용물은 재래의 풍습과 비슷하나 당사자들끼리 의논하여 자유롭게 조절할 수 있으며 정해진 제약은 없다. 또 함이라고는 하지만 일반적으로 트렁크나 백을 이용하며 멜빵을 걸어서 신부 집에 들어갈 때 메고 들어간다.

신부 집에서 받는 절차도 재래의 절차와 비슷하나 요즘은 많이 간소화되어 번거로운 절차는 생략된 것이 많다. 함진아비 측과 함을 받는 신부 집 사이에 선의의 실랑이를 벌여 시간을 끌며 흥겹게 하는 경우도 많지만, 지나쳐서 서로의 감정을 상하게 하거나 다투는 일은 없도록 해야 한다.

5. 혼례식(結禮式)

예전에 전통 혼례식을 할 때에는 집 마당을 이용하거나 공회당 같은 곳을 이용했지만 현대식 결혼이 본격화되면서부터는 대부분예식장에서 행해지고 있다.

계절로는 봄, 가을에 많이 했지만 요즈음엔 사철 아무 때나 편리한 때에 하고 있다. 그러나 요일은 토요일이나 일요일에 많이 하고 있는데 시간이나 경제적 여비를 줄이기 위해서 평일에 날짜를 잡는 것도 도움이 될 것이다.

예식장은 보통의 경우 예식장을 이용하고 있으나, 유명한 예식장이나 큰 호텔을 빌어서 많은 돈을 들여 예식을 올리는 것보다 마을이나 공용기관의 회관을 이용하거나 공원이나 야외 또는 교회 사찰을 선택하기도 한다.

예식 복장은 남자는 깨끗한 양복 차림이나 한복 차림이고, 여자는 보통 웨딩드레스를 준비한다. 또 웨딩드레스나 원삼 족두리 자체가 혼인을 의미하는 것이 아닌 이상 그것보다는 우리의 고유 의상인 치마저고리 차림으로 식장에 나가도 된다.

① 예식장(禮式場)
예식장은 교통편이 좋은 곳에 위치해야 하며 너무 많이 걷는 곳은 피해야 한다. 또한 장소가 너무 넓거나 협소하여 하객들이 불편해 하지 않도록 사전에 충분히 고려해야 한다.

② 사회자(司會者)

예식을 진행시키는 역할을 하는 사회자는 진행만을 보는 것이 좋다. 경망스럽게 떠들거나 주례가 해야 할 내용의 말까지 하는 경우가 없도록 주의하도록 한다.

③ 혼인예식의 순서

1) 개식

혼인 날 정해진 시각이 되어 식장에 가족과 하객이 다 모이고 주례가 주례석에 앉으면, 사회자는 "지금부터 신랑 ○○○군과 신부 ○○○양의 혼인예식을 시작하겠습니다." 하고 개식을 알린다.

2) 신랑, 신부 입장

신랑, 신부의 입장을 알림과 동시에 결혼 행진곡이 울리는 가운데 신랑, 신부가 입장한다. 신랑은 왼편에, 신부는 오른편에 서서 나란히 발걸음을 맞추면서 입장을 하기도 하고, 신랑이 먼저 입장을 하여 주례 앞에 섰다가 돌아서서 신부 입장을 지켜보는 가운데 신부는 아버지나 오빠 또는 숙부의 왼손을 잡고 입장을 하여 주례를 향하여 오른쪽에 선다.

3) 상견례

사회자의 진행에 따라 주례는 "신랑, 신부 상견례를 하겠습니다." 하고 가족과 하객에게 알린 다음 "신랑, 신부는 마주보고 서세요." 하여 신랑, 신부가 마주보고 서면, "서로 허리를 굽혀 인사하세요." 한다. 신랑, 신부는 인사를 하고 주례를 향하여 선다.

4) 혼인 서약 및 성혼 선언

주례는 "신랑, 신부 서약이 있겠습니다. 두 분께서는 엄숙하고 경건한 마음으로 분명히 대답을 하세요. 먼저 신랑에게 묻겠습니다. 신랑 ○○○군은 신부 ○○○양을 아내로 맞이하여 항상 존중하고 사랑하며 남편으로서 도리를 다하여 백년해로(百年偕老) 할 것을 굳게 맹세합니까?" 라고 묻는다. 신랑이 똑똑히 "예." 하고 대답하면, 주례는 "이제 신랑은 맹세한다는 대답을 하였습니다. 그러면 신부에게 묻겠습니다. 신부 ○○○양은 신랑 ○○○군을 남편으로 섬기고 존중하며 사랑하고 아내로서의 도리를 다할 것을 맹세합니까?" 라고 물으면, 신부는 "예." 하고 대답을 한다.

주례는 "이제 신랑, 신부는 부모님과 여러 친지 앞에서 부부가 되어 일생을 함께 살 것을 굳게 맹세하였습니다. 이에 주례는 두 사람의 혼인이 원만하게 이루어진 것을 엄숙하게 선언합니다." 하고 성혼 선언을 한다.

성혼 선언문 (成婚 宣言文)

이제 신랑 ○○○ 군과 신부 ○○○양은 그 일가 친척과
친지를 모신 자리에서 일생 동안 고락을 함께 할 부부가
되기를 굳게 맹세하였습니다. 이에 주례는 이 혼인이 원만하게
이루어진 것을 여러 증인 앞에 엄숙하게 선포합니다.

년 월 일
주례 ○○○

5) 예물 교환

주례가 서약을 확인하면 사회자는 "예물교환이 있겠습니다."라고 알린다. 이때 신랑은 예물이 반지라면 신부에게 줄 반지를 주례 앞 탁자 위에 놓고 신부도 신랑에게 줄 예물을 주례 앞에 놓는다. 주례는 신랑이 내놓은 반지 갑을 열고 내용물을 확인한 다음 내용물만 다시 신랑에게 되돌려 준다. 신랑은 반지를 신부의 왼손 무명지(넷째 손가락)에 끼워준다. 신부도 주례로부터 자기가 준비한 예물을 되돌려 받아 신랑에게 준다. 요즈음에는 예물 교환을 생략하는 경우도 많이 있다.

6) 주례사, 축사, 축가

사회자의 진행에 따라 주례사, 축사, 축가의 순서가 계속된다. 주례는 주례의 말씀으로 ① 양쪽 부모의 노고 치하, ② 하객에 대한 경의표시, ③ 신랑, 신부의 장래 축복, ④ 신랑, 신부가 한 몸 되어 영원토록 오늘의 맹세를 변치 말고 노력하여 행복하기를 바란다는 내용의 주례사를 한다. 주례사가 끝나면 내빈의 축사가 있는데, 1990년대에 들어와서는 축사

를 볼 수 없고, 축전이 있을 경우 사회자가 소개한다. 또 축가를 부르는 경우가 많은데, 곡의 선택에 유의하고 있다. 가정의례준칙(대통령 령 제6680. 1973. 5. 17)에 따른다면 주례사를 하기 전에 혼인신고서 날인 절차가 있으나, 보통 결혼식의 분위기와 흐름상 신혼여행 뒤로 미루고 있다.

7) 신랑, 신부 인사 및 행진, 폐식

주례는 신랑, 신부를 선 자리에서 뒤로 돌아서게 한 뒤에 양가 부모님께 인사를 드리고, 내빈께 성혼 인사를 드리도록 한다. 사회자가 "이제 신랑, 신부가 희망찬 내일을 향해 출발하는 절차가 있겠습니다. 내빈께서는 신랑, 신부의 새 출발 절차가 끝날 때까지 자리에 앉아 계시어 축복해주시기 바랍니다."라고 말하고, 신랑, 신부를 향해 "신랑, 신부 행진." 하고 구령을 부른다. 그러면 결혼행진곡에 맞춰 신부는 오른손으로 신랑의 왼팔을 끼고 퇴장한다.

행진이 끝나면 사회자는 "이상으로 신랑 ○○○군과 신부 ○○○양의 혼인예식을 모두 마치겠습니다. 내빈 여러분 감사합니다. 안녕히 돌아가시기 바랍니다." 등으로 인사하는 것으로 예식은 끝난다. 이 시간에 사진 촬영을 하는데, 퇴장하기 전에 주례 앞에서 사진 촬영을 하든지 퇴장했다가 다시 돌아와 촬영한다.

8) 가족 대표 인사

예식이 끝나고 신랑, 신부가 퇴장을 하면 신랑 쪽이나 신부 쪽 중에서 형편에 따라 가족 대표 한사람이 하객에게 인사를 한다. 그리고 하객들이 계속해서 식사를 하면서 환담의 시간을 갖도록 장소를 안내한다.

9) 폐백, 피로연

신랑, 신부는 사진 촬영이 끝나는 대로 양쪽 부모님께 인사를 드린다. 장소는 예식장에 마련된 폐백실을 이용하거나, 신랑의 집이 가까우면 신랑 집으로 가서 하고, 여의치 못할 경우에는 적당한 방을 구하여 한다. 인사는 신랑 부모께 먼저 드린 뒤에 신부 부모께 인사를 하기도 한다. 인사드리는 방법은 신랑, 신부가 나란히 큰절을 한다. 이 때 전통혼인예복을 입고 폐백을 드리는데, 그 꾸밈새와 방식은 전통 혼례의 폐백을 그대로 이어받으려고 노력함으로써 조상들의 미풍양속을 지키려는 모습이 돋보인다.

피로연은 가정의례준칙 시행 후 하지 않는 경우도 있었으나, 요즈음은 식당을 지정해서 식사 대접을 하고 있다.

예식이 끝난 2, 3일 후에 신랑, 신부는 감사의 글월을 보내는 것을 예의로 생각하고 있다. 주례, 중매를 해준 분, 그리고 특별히 주빈으로 모셨던 분에게는 신랑, 신부가 함께 찾아가서 인사를 드리는 것이 상례이다.

10) 혼인 축하 및 답례

혼인예식에는 으레 축의금품, 그리고 답례품이나 답례를 위한 식사 대접이 따른다. 1980년대까지는 하객이 예식장에 갈 때 축의금이나 신혼살림에 필요한 생활 용품 등의 선물을 준비하여 가고, 신랑, 신부 측에서는 보자기, 수건, 쟁반, 또는 특징 있고, 저렴하고, 간소한 답례품을 마련해서 하객들에게 증정했다. 1990년대에 와서는 신랑, 신부 측에서는 식당을 정하여 식사 대접을 한다. 그 결과 비용은 비용대로 들고 가정의례준칙은 지켜지지 않는 결과가 되었다.

혼인을 축하해 주고, 그에 답례해야 하는 피차간의 인사는 미풍양속이면서도 적지 않은 부담이 되고 있는 실정이고, 요즈음에는 토요일 오후와 일요일이면 혼인예식장을 순회하면서 축의금 봉투를 전달하기 위하여 한 사람이 서너 군데씩 돌아다녀야 하는 경우도 있어서 경제적으로 큰 부담이 되고 있는 실정이다.

6. 종교의식에서의 혼례

가정에서 종교의식에 따른 의례를 행하는 경우에는 이 가정의례준칙에 위배되지 않는 범위 안에서 그 종교의 의식절차에 따라 행할 수 있다.

① 기독교식 혼례

교회에서 예식을 하고 주례는 목사가 한다. 주일마다 예배가 있기 때문에 일요일에 예식을 올리는 것은 불가능하다 할 수 있다. 예식 비용은 따로 계산할 필요 없이 성의껏 헌금을 하면 된다.

기독교식 식순의 예는 다음과 같다.

*주례 입석

*신랑, 신부 입장

*찬송

*성경 낭독

*기도

*성례문 낭독

*설교 또는 주례사

*서약

*예물 교환

*성혼 선언

*축가

*가족 대표 인사

*찬송

*축복 기도

*신랑, 신부 인사

*신랑 신부 퇴장

② 천주교식 혼례

신부가 주례가 되어 성당에서 의식을 거행하는 것으로 신랑, 신부가 가톨릭 신자일 경우에만 한다. 결혼식은 엄격한 성교예규(聖敎禮規)에 따라 거행되며 이혼이 인정되지 않는다.

결혼식 전에 혼인 상담 지도를 받아야 하며, 당사자들의 성명, 세례명, 생년월일, 등 신상명세를 기재한 혼인 신청서를 제출한다.

본당 신부의 혼인 승낙이 떨어지면 세례증서와 호적등본 한 통씩을 제출한다. 본당 신부는 결혼식 전에 혼인 당사자들을 직접 만나 진술서를 작성하며 혼인에 동의하는 친구나 친척 등을 만난다.

서류 절차가 모두 끝나고 나면 혼배 미사를 드린다고 게시판이나 주보에 공고를 한다.

천주교식 식순의 보기는 대략 다음과 같다.

*입장식 : 입당송과 본 기도
*말씀의 전례 : 제1독서(창세기), 제2독서(고린도전서), 복음(마태복음) 강론.
*혼례식 : 반지 축성과 예물 교환
*신자들의 기도
*성찬의 전례 : 봉헌 기도, 감사송, 영성체송, 영성체 후 기도, 미사 끝 강복.

③ 불교식 혼례

불교에서 혼인을 화혼식(花婚式)이라고도 하며 불교 신자가 아니더라도 불교식으로 식을 할 수 있다.

식은 대웅전에서 올리며 정면에 불단, 사혼자(司婚者)인 스님 좌석과 불단을 향해 오른쪽에 신랑, 왼쪽에 신부가 자리를 하고, 양가 친족의 자리가 마련된다. 불교에서는 신랑을 우바새, 신부를 우바이라고 한다.

불교식 식순의 보기는 대략 다음과 같다.

*개식 : 종을 다섯 번 친다.

*내빈 참석

*사혼자 등단 : 화동과 화녀의 안내로 주례인 사혼자 스님 입장.

*신랑, 신부 입장

*삼귀의례(三歸儀禮) : 사혼자가 불전 앞에 향을 사르고 불보(佛寶), 법보(法寶), 승보(僧寶)에 귀의한다는 독경을 하면 모두 일어서서 경배하고, 경을 읽으면 머리를 숙여서 경청한다.

*신랑, 신부 불전에 경례

*경백문(敬白文) 낭독

*상견례

*헌화 : 신랑은 오지화(五枝花)를 불전의 동쪽, 신부는 이지화(二枝花)를 불전의 서쪽에 놓는다.

*염주 수여 : 신랑에게는 흰 술이 달린 염주를, 신부에게는 붉은 술이 달린 염주를 준다.

*유고 및 선서

*독경

*폐식

식이 끝나면 신부는 신랑의 왼쪽에서 퇴장한다. 신랑과 신부가 퇴장하고 나면 친척들은 차례대로 본단 앞을 돌아서 식장 밖으로 나간다.

7. 결혼 축하

① 혼례에 사용하는 꽃

신부의 꽃은 하얀 꽃을 ,쓰며 면사포에 장식하거나 붙이는 조화(造花)는 오렌지꽃을 주로 쓴다. 새하얀색의 오렌지꽃은 그 모양이 아름답고, 게다가 향수의 원료로 쓰일 만큼 청량하고 상큼한 향기를 가지고 있다. 너그러움, 상냥함, 번영, 다산(多産) 등의 꽃말을 가진 오렌지꽃은 신부의 머리를 장식하는 데 너무나 잘 어울리는 꽃이다.

신부의 꽃다발도 흰색이 좋다. 근래에는 흰 장미나 진저, 프리지아 같은 조그마한 꽃들을 즐겨 쓴다. 그러나 꼭 정해진 것은 아니고 계절에 따라 아름답고 향기로운 꽃을 선택하면 된다. 혼례식에서 꽃을 다는 사람은 신랑, 신부와 양가 부모 및 주례로 한정 되어 있다. 그리고 화환이나 화분 또는 이와 유사한 장식물의 진열이나 사용은 금지된다.(가정의례준칙 제4조)

여기서 유사한 장식물이란 장식용 테이프, 꽃가루, 꽃술, 딱총 등을 말한다. 그러나 요즘은 적당히 사용하며 예식장의 좌우에 화환이나 화분 또 꽃바구니도 진열하고 있다.

② 축전

혼례식에 참석할 수 없을 때는 축전(祝電)을 보내서 축하의 뜻을 전하는 것이 좋다.

축전은 도착 시간을 참작해서 미리 보내도록 한다. 축하 문구는 체신부 제정 전보 문례(文例)를 이용하면 요금도 싸고, 특별히 도안된 예쁜 용지를 봉투에 넣어서 배달해준다.

③ 부조

선물이나 돈을 보내서 축하의 뜻을 표시하는 것이 부조다.

축하금을 보낼 때에는 깨끗한 흰 종이에 싸고, 단자(單子)를 써서 봉투에 넣어 보낸다. 만일 크기가 커다란 선물일 경우에는 글자만 봉투에 넣고 물품은 따로 포장하는 것도 괜찮다.

부조하는 물목(物目)을 기록한 것이 단자이다. 용지는 흰색의 종이에 쓰는 것이 좋다.

단자가 없이 봉투만 쓸 경우에는 봉투 앞쪽에 축하 문구를 쓰고 왼편의 약간 아래에 물목을 적는다.

〈단자 서식의 예 1〉

〈단자 서식의 예 2〉

〈단자 서식의 예 3〉

〈봉투에 쓰는 경우〉

(앞)　　　　(뒤)

4. 전통 혼례

1. 의혼(議婚)

사례편람(四禮便覽)의 혼례편(婚禮篇)에 그 절차를 보면 의혼(議婚), 납채(納采), 납폐(納幣), 친영(親迎)의 네 가지로 나누어 설명하는데, 남자의 나이 16세에서 30세와 여자의 나이 14세에서 20세면 의혼(議婚)할 수 있다고 하였다.

의혼(議婚)은 신랑 집과 신부 집이 서로 혼인을 의논하는 절차를 말한다.

신랑과 신부의 집에서 서로 사람을 보내서 상대방의 인물, 학식, 인품, 가세(家勢), 등을 조사하여 두 집안이 합의가 되면 혼인을 하는 것이며 면약(面約)이라고도 하였다.

통혼한 결과 혼담이 이루어질 기미가 보이면 남자 쪽에서 중매인을 통해 그 뜻을 여자 쪽에 전달하고, 여자 쪽에서 혼인할 의사가 있으면 다음 절차로 신랑 쪽에서 청혼편지(請婚片紙)를 신부 집에, 신부 쪽에서는 허혼편지(許婚片紙)를 신랑의 집으로 보내 혼인이 이루어졌다. 이 과정에서 양가 부모들만이 신랑, 신부의 선을 보고 당사자들은 얼굴을 보지 못한다.

2. 납채(納采) = 사성(四星)

사성은 사주(四柱)라고도 하며, 혼약이 이루어지면 신랑 집에서 신랑의 사주를 써서 보내고 연길을 청하는 절차이다.

신랑 집의 주혼자(主婚者)가 생년월일시(生年月日時)를 써서 중매인이나 또는 가까운 일가친척을 시켜 신부 집의 주혼자에게 보내어 정식으로 청혼하면 그것을 신부 집에서 받아 약혼이 성립되는 것을 말한다. 보내는 방법은 사주와 납채문을 좋은 백지에 써서 작은 함에 넣거나 보에 싸서 붉은색 비단으로 만든 보자기로 싸서 보낸다. 요즘은 납채를 납폐로 대신한다.

신랑 집에서 편지와 납채를 신부 집에 보낼 때는 아침 일찍 일어나 편지를 받들어 사당에 고하고, 신부의 집으로 보내는데 이것을 가지고 가는 사자(使者)를 중매인이 안내하여 간다. 신부의 집에서는 신부 측 주혼자가 나와서 이를 받들어 편지와 납채를 받아 사당에 고한다. 그 다음 편지의 답장을 써서 주고 음식을 대접한다. 답장을 받으면 돌아와서 신랑 집 주혼자는 다시 이 사실을 사당에 고한다.

3. 택일(擇日) = 연길(涓吉)

혼인 날짜를 정해 보내는 것을 연길 혹은 택일이라고 하는데 이것은 좋은 날을 택한다는 뜻이다. 신랑 집에서 보낸 사성(四星)을 신부 집에서 받아 혼인 날짜를 잡아 신랑 측에 통지하는 것이다.

택일에 있어서 요건은 오행(五行)의 이치이다. 그러나 오늘날에 와서는 오행의 이치보다는 혼인 당사자나 양가의 형편 및 객관적 여건을 중요시 하여 정해야 한다. 택일의 통지는 편지와 함께 보내는데 그 서식(書式)은 사성과 마찬가지로 작성하면 된다.

4. 납폐(納幣)

원래 납폐라는 것은 돈을 보낸다는 뜻이었으나 신랑 집에서 신부 집에 혼인을 허락해준 것에 대한 감사의 뜻으로 보내는 예물이라고 풀이된다. 신부용 혼수(婚需)와 예장(禮狀: 婚書紙) 및 물목(物目)을 넣은 혼수 함을 결혼식 전날에 보내는 것이다. 신랑 집이 가난하면 청홍단(靑鴻緞)의 치맛감을 넣을 뿐이나 여유가 있는 집에서는 다른 옷감을 더 넣어 보낸다. 이것을 봉채 또는 폐백(幣帛)이라고도 하는데, 이것은 형편에 따라 내용의 차이는 있겠지만 '적어도 두 가지 이상으로 하되 열 가지를 넘기지 않는다'라고 〈사례편람〉에서도 부질없이 호화, 사치를 위주로 할 것이 아니라 예법을 지키는 절차로 만족하여 간소하게 하는 것이 좋다고 말하고 있다.

납폐서장(納幣書狀)을 흔히 혼서지(婚書紙)라고도 하며, 납폐서장 없이 함(函)만을 보내기도 하는데 지금은 인쇄된 것을 주로 사용한다.

 ① 포장

 납폐의 예물은 비단으로 썼던 까닭에 채단(綵緞)이라고도 한다.

 채단을 포장하는 방법은 다음과 같다

 *청색 채단은 홍색 종이로 싸서 청홍실로 아래위를 묶고, 홍색 채 단은 청색 종이로 아래위를 묶는다.

 *함 속에 백지를 깔아 청홍단을 넣은 다음 그 위에 채단의 내용과 수량을 적은 물목기(物目記)를 넣은 봉투를 얹어 백지로 덮고 함 뚜껑을 덮는다.

 *함은 붉은 보자기로 싸서 묶고 매듭에 '근봉(謹封)'이라 쓴 봉함지를 끼우고 무명 한 필로 멜 끈을 만든다.

 ② 납폐 방법

 먼저 조상에게 고한 다음 일가친척 중 한 사람이 집사가 되어 혼서를 받들고 다른 한 사람이 함진아비가 되어 의관을 갖춘 뒤에 함을 지고 간다. 신부 집에 다다르면 두 사람은 예의를 갖추어 조심스럽게 행동해야 하며 이웃에 시끄럽게 하거나 신부 측을 곤란하게 해서는 안 된다.

 신부 측에서 준비한 함 놓는 자리에 함을 놓을 때까지는 신랑 측에서 해야 할 일이므로 불미한 행동이나 장난은 하지 말아야 한다. 신랑 될 사람은 가지 않는 것이 예의이다.

 ③ 납폐 받기

 신부 측에서 납폐 받을 장소를 마련하고 상 위에 떡시루를 올려놓고 붉은 보자기로 덮어둔다. 신랑 측 일행이 도착하면 신부의 아버지가 병풍 앞에서 상을 향해 선다.

 신부 측 집사가 신랑 측 일행을 안내해서 신랑 측 집사는 상의 서쪽에서 동쪽을 향해 서고 함진아비는 집사의 오른쪽 뒤에서 동쪽을 향해 선다. 또 신부 측 집사는 서쪽을 향해 선다. 다음에 신랑 측 집사가 함을 신부 측 집사에게 준다. 신부 측 집사는 함을 받아 풀어서 혼수 봉투를 신부의 아버지에게 준다.

신부의 아버지가 혼서를 읽은 다음 다시 봉투에 넣어 주면 집사는 본래대로 혼서함을 묶는다. 신부의 아버지가 납폐를 받겠다고 말하면 신부 측 집사와 신랑 측 집사가 협력해서 함진아비로부터 함을 받아 상 위의 떡시루 위에 놓는다. 이때 함진아비가 함을 벗어주지 않으려고 하는 풍속이 전해졌다. 양 쪽의 집사와 함진아비가 물러나면 신부의 아버지가 상의 동쪽으로 옮겨 상을 향해 두 번 절한다. 그런 다음 조상의 위폐 앞으 로 함을 옮겨 조상에게 고한 다음에 신부의 아버지는 함을 연다.

④ 회답

신부 집 주혼자는 납폐에 대한 답장(答狀)을 써서 주고, 사자는 신랑 집에 돌아가서 이를 전달한다.

5. 친영(親迎) · 혼인예식(婚姻禮式)

친영은 대례(大禮)라고도 한다. 대례는 전안(奠雁), 교배례(交拜禮)와 합근례(合巹禮)를 통틀어 하는 말이다. 옛날에는 신랑이 신부 집에 가서 전안례(奠雁禮)를 하고 신부를 맞아 집으로 돌아와서 초례(醮禮＝대례)를 행하였으나 요즈음은 신부 집에서 전안, 초례 등 일체의 예식을 거행하고 우귀례(于歸禮 : 혼행이 신랑 집으로 돌아오는 것)를 한다.

① 혼행(婚行)

예전에는 신랑은 예복을 갖추어 입고, 많은 사람이 청사초롱을 들고 따랐으나 근래에는 많이 생략되어 평복으로 가서 혼례를 치를 때만 예복 차림으로 초례청에 들어가며 수행은 되도록 예법에 밝은 신랑의 존속(尊屬) 중 한 사람이 혼행을 거느리는데 근친이 없을 때는 가까이 모시는 선배도 괜찮다.

신랑이 말을 타고 신부 집으로 갈 때에 한 사람(雁夫라고 함)은 목안(木雁 : 기러기를 쓰는 까닭은 기러기가 음의 이치에 따라 왕래하는 것에서 유래됨.)을 색 비단 보자기에 싸들고 앞서서 가는 것이 옛 풍속의 하나였다. 신부 집에 이르면 신랑은 말에서 내려 마련된 사처방에서 기다리게 된다. 신랑을 맞을 때 옛날에는 초롱을 들고 수십 리 밖까지 나가서 맞기도 했지만, 신부 집 친족 중에 한두 사람이 동구 밖 적당한 곳에서 맞는 것이 좋다.

신부 집에서는 혼행 오기 하루 전날 신랑 방에 요, 이불, 베개 등 침구(寢具)를 준비한다. 신랑이 입을 옷은 광주리에 담아서 놓아둔다.

또 신부는 활옷(活衣) 원삼을 입고, 족두리를 쓰며 얼굴에는 연지를 찍고, 눈에는 왜밀을 발라서 뜨지 못하게 했으나 근래에는 모두 개선되었다.

② 전안(奠雁)

대청이나 앞마당에 자리를 마련하고 병풍을 친 다음 교배상(交拜床)을 한가운데 놓는다. 상에는 촛대 한 쌍에 불을 켜놓고 화병 한 쌍과 백미 두 그릇과 한 자웅의 닭을 남북으로 갈라놓는다. 또한 세숫대야에 물을 두 그릇 준비하여 세숫대야 안에 수건을 깔고 수건 위에 물 종지를 담아둔다. 술상 두 쌍도 준비해둔다.

신랑이 손을 앞으로 맞잡고 초례청에 들어선다. 신부 측에서 주인의 아들이나 친척이 신랑 앞에 나가 맞이하는 뜻으로 읍을 한다. 신랑은 답례를 한다. 신랑이 초례상 앞에 차려놓은 전안 상 앞으로 걸어 나가 전안상 앞의 배석(拜席) 위에 꿇어앉는다. 신랑이 앉으면 안부가 나무 기러기를 신랑에게 준다. 신랑은 기러기 머리가 왼편으로 가게 받아든다. 그리고 기러기를 준비해놓은 쟁반에 놓으면 신부 측의 하인이 받아간다. 이때 신랑은 머리를 숙이고 있다가 일어나서 두 번 절한다. 주인은 마주 절하지 않는다. 이때에 신부가 방에서 내다볼 수 있게끔 병풍을 쳐야 한다. 신랑이 일어나서 조금 뒤로 물러선다.

③ 교배(交拜)

교배는 신랑과 신부가 처음으로 서로 대하여 예물을 교환하는 예식이다. 전안례가 끝나면 바로 수모(隨母)가 신부를 데리고 나온다. 신랑은 읍(揖)을 하고 마당에 내려가 밖으로 나가서 교자(轎子)에 자리 잡는다. 신부가 따라서 나오면 신랑은 교자의 발[簾]을 걷어 올리고 기다린다. 수모가 신부를 데리고 나와서 신부를 교자에 오르게 한다. 신부가 교자에 오르면 신랑은 발을 내린다.

신부가 초례상이 놓인 대청에 나와서 초례상을 가운데 두고 신랑과 마주선다. 초례상에는 밤, 대추, 술, 술잔, 청실, 홍실이 준비되어 있다. 신랑이 신부와 마주 향하고 신랑과 신부가 꿇어앉는다.

신랑이 세숫대야를 남쪽으로 향하게 해서 손을 씻고, 신부는 북쪽을 향하게 해서 씻고 나면 신부 측에서 수건을 바친다. 신랑과 신부가 서로 일어선다.

그 다음 신랑이 신부의 얼굴에 가린 것을 벗겨주고 신부에게 읍하고 나서 자리에 서면 신부가 절을 한다. 이때 신랑도 마주 절한다. 신부가 먼저 두 번 절하고 꿇어앉는다. 신랑이 답으로 한 번 절하고 신부가 일어서서 또 두 번 절하고 꿇어앉으면 신랑은 또 한 번 절하고 꿇어앉는다.

④ 합근(合巹)

근배(巹杯)라고도 한다. 신랑은 동쪽, 신부는 서쪽에 선다.

종자가 술상을 드린다. 신부 측에서 잔에 술을 부어서 신랑 측으로 보낸다. 신랑은 신부에게 읍하고 술잔을 받아서 지운(땅에 붓는 것) 다음 조금 마신다.

신랑이 술을 조금 남겨서 신부에게 주면, 신부는 남기지 않고 다 마셔야 한다. 다음 신랑 측에서 술을 부어서 신부 측으로 보내면 신부가 받아서 땅에 지운 다음 신부가 조금 마신다. 그리고 신부가 술을 조금 남겨서 신랑에게 주면, 신랑은 받아서 남기지 않고 다 마신다. 이렇게 해서 서로 한 차례씩 술을 권하고 난 다음에는 표주박이나 바가지를 써서 행하는 예로 신랑신부 사이에 표주박을 놓고 신랑이 먼저 술을 부어서 신부 측에 보낸다. 나머지는 먼저 순서와 똑같이 하면 된다. 이렇게 예가 끝나면 신랑과 신부가 각각 처소로 돌아간다. 이상으로 대례는 끝나게 된다.

6. 혼인예식 후의 예절

혼인예식을 마쳤다고 모든 것이 끝난 것이 아니라 다시 시작되는 여러 가지 예의범절과 풍습이 있다.

① 신방(新房)·동상례(東狀禮)

옛날에는 신랑, 신부의 하인, 하녀가 둘의 잠자리를 보아주고 촛불을 물리면 하녀만 문에서 모시고 있다. 이것을 신방이라고 하는데 그날 밤이 첫날밤이다. 우리나라 풍속에 신방을 지킨다는 말이 있으니 신랑과 신부가 첫날밤을 어떻게 치르는가를 보려는 호기심에서 나온 것이라 할 수 있다. 동네 아낙네들이 문이나 창에 구멍을 뚫고 들여다보면서 소리 죽여 웃기도 하고 놀리기도 했다.

혼인 예식이 끝난 다음에 신랑이 신부 집에서 친구들에게 음식을 대접하는 것을 동상례라고 했는데 근래에 들어와서는 신랑을 달아먹는다는 것으로 뜻이 변하고 말았다.

② 처가친족 상면(妻家親族相面)

예전에는 첫날밤을 지낸 뒤에 신랑이 신부의 친족과 정식으로 상면하였으나 근래에는 초례 뒤에 처의 부모와 가까운 친척은 상면하여도 무방하다. 옛날 법도로는 신부도 첫날밤을 지낸 뒤에야 부모에게 배례하였으나 이것 역시 초례 뒤에 배례하는 것이 의례적일 것이다.

③ 상수(床需)와 사돈지(査頓紙)

상수(床需)란 신부 집에서 장만한 음식을 신랑 집에 보내는 것이다. 이때에 편지와 같이 물목을 적어서 보내기도 했다. 이때 신부의 어머니가 신랑의 어머니에게 내간편지(內簡片紙)를 보내기도 했는데, 이것을 사돈지라고 한다.

④ 우귀(于歸)와 현구고례(見舅姑禮)

우귀(于歸)는 신행(新行)이라고 하여 신부가 정식으로 신랑 집에 들어가는 의식이다.

근래에는 혼례식 당일 예식장에서 폐백실을 이용하여 폐백(幣帛)을 올림으로써 대신하는 것이 통례이나 옛 관습으로는 초례 후 몇 개월, 심지어는 몇 년씩 지난 뒤에 우귀하는 경우도 있었고, 보통 삼사 일씩은 신부 집에서 머무는 경우가 많았다.

현구고례는 신부가 시부모와 친척에게 첫인사를 하는 것으로 우귀일에 하는 것이다. 이때 신랑의 친족에게는 사배(四拜 : 네 번 절함)하고 술을 권하는데 그 외에는 한 번만 절한다. 대청에 자리를 마련하여 병풍을 치고 시아버지는 동편에, 시어머니는 서편에 앉아 주안상을 차리고 배례하는데 시조부모가 생존해 있어도 시부모부터 인사드리고 다음 시조부모께 인사드리기로 되어 있으며 그 다음에 촌수와 항렬의 순서에 따라 인사를 드린다.

⑤ 폐백(幣帛)

혼례가 끝나면 신부가 시부모에게 정식으로 첫인사를 올리는 의식이다. 현구고례를 비롯하여 집안 어른들께 드리는 예, 사당에 드리는 예, 시부모가 며느리를 맞는 예 등이 있다. 시부모에게 예를 드릴 때 준비해 가는 음식이 폐백이다.

요즘은 폐백을 드린다고 해서 이런 예절들의 의미를 잘 알지 못하고 아무렇게나 치르는 경향이 있다. 시아버지에게는 밤과 대추를 준비하는데, 대추는 꼭지를 떼고 잘 씻어 잣을 박기도 한다. 시어머니에게는 육포, 꿩구이, 닭구이 등을 한 그릇에 담아 준비하거나 또는 비단을 마련한다.

시아버지에게 대추와 밤을 폐백으로 드리는 의미는, 대추는 붉은색이라 양(陽)의 의미하므로 동쪽 즉 '아침 일찍 일어나 부지런하게 일하겠습니다'라는 뜻이 되고, 밤[栗]은 글자의 뜻이 서쪽(西) 나무(木)이기 때문에 음(陰)이며, 신주(神主)도 밤나무로 깎기 때문에 귀신나무이고, 두렵다[慄]는 뜻도 있어서 밤과 대추는 '두려운 마음으로 공경해 모시는데 소홀함이 없이 시집살이를 하겠습니다'는 다짐이 되는 것이다.

고기나 비단을 시어머니에게 드리는 의미는 '정성껏 모시겠습니다'는 뜻으로 먹을 것이나 입을 것을 준비하는 것이다.

요즘에는 폐백을 혼인예식을 마친 뒤에 예식장의 별실이나 신랑 집에서 당일에 한다. 이 절차가 끝나면 전통혼례에서 말하는 우귀(于歸 : 신행)의 예를 끝낸 셈이 되기 때문에 신부는 자연스럽게 시집 가족이 된 것이다.

7. 예식장에서 치르는 전통혼례

도시에서 생활하는 경우에는 신부의 집에서 혼례를 올리기가 쉽지 않은 것이 사실이다. 따라서 공공장소나 예식장을 이용하게 된다. 예식장에서 혼인을 할 때는 전통혼례의 절차 중 전안례부터 혼례를 마치고 신랑, 신부가 다른 방으로 나가는 데까지만 거행하면 된다.

1) 예식장에서 올리는 전통 혼인 예식의 절차
예식장에서 올리는 전통 혼인식의 절차는 대략 다음과 같다.
① 혼인예식 선언, ② 전안례, ③ 큰손님 맞이(主禮就位), ④ 관세취위(盥洗就位), ⑤ 교배례, ⑥ 서 배우례(誓 配偶禮), ⑦ 근배례, ⑧ 혼인서약 서명, ⑨ 성혼 선언 서명, ⑩ 큰손님 수훈(授訓 : 주례사), ⑪ 혼주(昏主)의 인사 말씀, ⑫ 신랑, 신부 내빈께 인사, ⑬ 신랑, 신부 퇴장, ⑭ 필례 선언(畢禮 宣言), ⑮ 식후 행사

2) 전통 예식장
이미 사용하는 예식장의 구조를 그대로 이용해서 배치만 다르게 하면 현대식 혼례도 할 수 있고, 전통 혼례도 할 수 있다.
시대가 변함에 따라 혼례의 절차도 많이 바뀌었다. 현대식 혼례의 과정은 ① 혼담, ② 맞선, ③ 교제, ④ 약혼, ⑤ 혼수 준비, ⑥ 예식의 준비, ⑦ 예식, ⑧ 신혼여행, ⑨ 혼인 신고의 순서로 진행되는 것이 보통이다.
이중에서 ① ② ③ ⑨항은 혼인에 준하는 절차인데, 혼인 행위에 버금가는 절차라 할 수 있겠다.

[상례(喪禮)]

중국의 주자가례(朱子家禮)를 바탕으로
오랜 세월 속에서도 오늘까지 맥맥히 우리들의
관습으로 이어져오는 것이 바로 상례이다.
그처럼 엄격하고 까다로운 예법이지만
예를 다하여 장례를 지내되 지나친 공경은
예의가 아니라고 경계하였으니
허례, 허식에 기울지 않도록 해야겠다.

1. 상례의 뜻

상례란 자연인의 사망에서부터 치장(매장, 화장 등)식을 거쳐 상주들이 상기를 마치고 기제를 지내기 전까지의 모든 절차와 의례를 말한다.

즉 사람이 운명하여 대상(大祥)을 필한 후 담제, 길제(禫祭, 吉祭)를 지내는 것으로써 탈상(脫喪)하게 되는 3년 동안의 모든 의례(儀禮)를 말하는 것이다.

오늘날에는 대부분이 장의사에게 모든 의식의 집례를 통괄하여 맡긴다.

상례는 그 세부 절차나 집행방법에 있어서 각 지역이나 사회에서의 신분에 따라 많은 차이를 보인다.

장례는 장례일 삼일장, 오일장, 칠일장 등 장례 기간에 따라 명칭을 붙인다. 대개는 삼일장을 치른다. 삼일이란 기간은 부활(저승에 갔다가 되돌아오는 기간)에서 유래되었다고 한다. 숨은 한 번 끊어지면 그만인 것이다. 살아 있는 것은 호흡지간이라, 숨진 것을 알게 된 가족은 바로 상례를 준비해야 한다. 이때 초상(初喪)이란 말을 쓴다. 사람이 죽는 것은 한 번뿐이기에 초라고 하는 것이다.

사람은 누구나 이 세상에 태어났다가 언젠가는 이 세상을 버리고 돌아오지 못하는 저승 길로 영원히 떠나는 것이지만, 남아 있는 가족, 친척, 친지는 더 이상 슬프고 비통한 일이 없을 것이다.

그러기에 우리 관습에 관혼상제의 의례 중에서 가장 엄숙하고 정중하며 그 절차가 까다롭고 이론이 구구한 것이 상례이다.

중국의 주자가례(朱子家禮)를 바탕으로 오랜 세월 속에서도 오늘까지 맥맥히 우리들의 관습으로 이어져오는 것이 바로 상례이다. 그처럼 엄격하고 까다로운 예법이지만 예를 다하여 장례를 지내되 지나친 공경은 예의가 아니라고 경계하였으니 허례, 허식에 기울지 않도록 해야겠다.

2. 현대(現代)의 상례(喪禮)

현대 상례는 주거 문화의 변화에 따라 아파트 생활이 보편화되어 상례를 가정에서 행하기는 실제로 어려운 경우가 많다. 이에 따라 병원 영안실이나 장례 예식장을 통한 상례가 대부분이다. 따라서 전통적인 상례의 모습은 찾아보기 힘들고, 특히 외래 종교의 유입으로 다양한 종교적 상례 의식이 행하여지고 있다. 전통 상례에서도 유교에 의한 예법이 중시되었다고는 하나, 장례 절차에 있어서는 우리의 토속신앙(土俗信仰)과 불교 의식이 많이 가미되었던 것이 사실이다. 이와 같이 예나 현대나 상례 절차는 그때의 상황에 따라 변모하기 마련이다. 그러므로 어떤 의식 절차가 맞는다고 말하기는 어렵다

상례를 치르는 데에 있어서 가장 우선되는 것은 마음으로부터 나오는 진정한 슬픔이라는 것을 잊어서는 안 된다. 예를 행함에 있어 마음보다 의식절차에만 치우친다면 예라 할 수 없고, 그렇다고 비통함을 핑계로 예를 가볍게 여긴다면 사람의 도리가 아닐 것이다. 까닭에 상례는 마땅히 슬픔과 예가 함께 갖추어져야 비로소 그 의의를 다했다고 할 수 있을 것이다.

1. 상례의 변천

전통 상례에서는 사람이 죽으면 매장하기까지의 기간을 7월장(葬), 5월장, 3월장, 유월장(踰月葬)이라고 해서 짧아도 30일 이상이었지만 최근에는 3년 상은 거의 없다고 할 수 있고, 백일(百日)에 탈상(脫喪)을 하는 것이 대부분이며, 오늘날은 일반적으로 3일장을 치르고 있다. 따라서 그 절차도 고례(古禮)를 그대로 따라서 할 필요가 없다.

고례에는 임시 묘소라고 할 수 있는 초빈(草殯)을 설치하고 모셨다가 다시 장례를 치렀으나 오늘날은 즉시 매장해서 묘지를 조성한다. 또 예전에는 대여(大輿)라고 해서 상여를

썼으며 많은 인력이 필요했으나 요즈음은 장의차(葬儀車)를 이용하므로 아무리 먼 거리라도 쉽고 빠르게 옮길 수 있다. 또 상제들이 입는 상복의 옷감이나 짓는 방법이 각각 달라서 복잡했으나 요즈음은 옛날과 같은 재질을 구하기도 어려울 뿐만 아니라 보다 간편한 것을 추구하는 추세로 많이 달라졌다.

즉 살아 있는 사람 위주로 상례를 치르는 경향이 바뀐 것이다.

2. 유언(遺言)

임종이 가까워지면 가족들은 침착하고 조용하게 자손, 가족, 친지들에게 남기고 싶은 말, 재산, 사업의 처리 등을 대답하기 쉽도록 묻고 그 대답을 기록, 또는 녹음을 하는 것이 유언이다.

유언은 여러 사람이 지켜보는 가운데서 다른 사람이 대리로 받아쓰게 하는 것이 정확한 법이다.

|법에서 인정하는 유언| 망자가 재산을 남기고 죽을 경우 그 재산이 누구에게 돌아갈 것인가에 대해서는 생전에 유언이 남아 있다면 그 내용에 따르겠지만, 유언이 없을 때는 법률의 규정에 따라 상속받게 된다. 흔히 유언은 '죽을 때 마지막으로 남기는 말'이라고 생각하기 쉬우나 법적으로는 일정한 방식에 따라 행해진 것에 한하여 그 효력을 인정한다.

첫째, 자필(自筆)로 쓰는 방식으로, 유언자가 유언의 내용과 작성 날짜(년, 월, 일), 주소, 이름을 직접 쓰고 도장을 찍어야 한다.

유언장을 고쳐 쓸 경우에는 삽입, 삭제, 변경 사실을 따로 쓰고 도장을 찍어야 한다. 본인이 직접 써야 하므로 대신 쓰게 하거나 프린트된 것 등은 인정되지 않는다.

둘째, 녹음해 두는 방식. 유언자가 유언의 내용과 이름, 녹음한 날짜를 말하여 녹음하고 증인이 유언의 확증과 증인 자신의 이름을 녹음해야 한다.

셋째, 공정증서(公正證書)를 작성하는 방식으로 두 명의 증인이 참여한 가운데 공증인 앞에서 유언의 내용을 말하면 공증인이 이를 받아쓰고 낭독하여 유언자와 증인이 그 정확함을 승인한 후 각자 서명, 날인하는 방법이다.

넷째, 비밀증서(秘密證書)에 의한 유언방식이다. 유언자가 유언서(본인의 이름을 기재한 것)를 작성하여 봉투에 넣어 봉인을 찍은 뒤 두 명 이상의 증인에게 제출하여 자기 유언서임을 표시한 후, 그 봉투 겉면에 유언자 본인과 증인이 각각 서명 날인하고 증인에게 제출한 날짜를 쓴 뒤 5일 이내에 공증인이나 법원서기에게 제출하여 봉인 위에 확정일자인을 받아야 한다.

마지막으로 구수증서(口授證書)에 의한 방식으로 질병 기타 급박한 사정으로 위와 같은 방식의 유언을 할 수 없을 때 유언자가 두 명 이상의 증인이 참여한 가운데 유언을 하면 그 중 한 사람이 이를 받아쓰고 낭독하여 유언자와 증인이 그 정확함을 승인한 후 각자 서명, 날인하는 것이다. 이 경우에는 증인이나 이해관계인이 급박한 사유가 소멸되는 날로부터 7일 이내에 법원에 검인신청을 해야 한다.

이상의 다섯 가지 방식 이외의 유언은 법이 인정하지 않는다. 그리고 미성년자, 금치산자, 한정치산자 또는 유언에 의하여 이익을 받을 자나 그 배우자, 직계 혈족은 유언의 증인이 될 수 없다.

3. 임종(臨終)

소생할 가망이 없는 병자를 정침(正寢)에 옮긴다. 가령 사랑방에서 병들어 죽게 되었으면 그 집 안방이 정침이 된다.

숨지는 순간이므로 집 안팎을 깨끗하게 치우고 정침에 병자의 머리를 동쪽으로 향하게 해서 방 북쪽에 눕힌다. 옷을 벗겨 새 옷으로 갈아입히고, 가족들도 옷을 갈아입고 조용히 운명을 기다린다.

남편은 부인이 있는 데서 부인은 남편이 있는 데서 숨지게 하지 않는다는 풍습이 있으나 고루한 사상이라 생각되고, 식구들이 모인 가운데 편안히 운명하게 하는 것이 좋다.

4. 사망진단(死亡診斷)

임종을 하면 즉시 의사에게 사망을 확인하게 하고 사망진단서를 받도록 한다. 이것은 사망신고나 매장, 또 화장 수속에 필요한 것이다.

5. 수시(收屍)

병자가 운명하면 지체하지 말고 깨끗한 백지나 솜으로 코와 귀를 막고, 눈을 감기고, 입을 다물게 한 뒤 머리를 높게 하여 고이고 손발을 바르게 놓는다. 다음에 홑이불로 덮은 다음 시상(屍床)으로 옮겨 병풍이나 장막으로 가린다. 그 앞에 고인의 사진을 모시고 촛불을 밝힌 후 향을 피운다.

6. 상제(喪制)

죽은 사람의 배우자와 직계 비속(자녀, 손자, 손녀)은 모두 상제가 된다.
상주(喪主)는 장자가 되고, 장자가 없는 경우에는 장손이 상주가 된다. 장자나 장손이 없을 때는 차자나 차손이 상주가 된다. 자손이 없는 경우에는 가장 가까운 친척이 상례를 주관한다.
복인(服人)의 범위는 죽은 이의 8촌 이내 친족으로 한다.

7. 호상(護喪)

상중에는 호상소를 마련하고 복을 입은 근친이 아닌 친족이나 친지 중에서 상례에 밝고 경험이 있는 사람을 택해서 상주를 대표하여 장례의 절차, 진행, 부고, 사망신고, 매장(화장)의 허가, 신청 등 모든 일을 처리하게 한다. 그리고 서기를 두어 조객의 내왕, 부의록, 경비 출납 등을 기록하도록 한다.

8. 발상(發喪)

수시가 끝나고 나면 가족 모두 검소한 옷으로 갈아입고 슬퍼한다. 맨발이나 머리 푸는 것 등은 하지 않고 곡을 하는 것도 삼간다.

발상은 초상(初喪)을 알리는 것으로 근래에는 장의사(장례의 절차와 필요한 물품을 상비하고 영업하는 업소)가 있어서 검은색 줄을 친 장막 즉 '謹弔'라고 쓴 등, '忌中'이라고 쓴 벽보를 대문에 붙여 초상을 알린다.

9. 장례식의 방법과 절차

① 가족장은 죽은 사람의 사회적 직위나 위치에 맞는 장례식을 정하고 단체장은 해당 단체 기관과 상의하도록 한다.

② 매장인지 화장인지를 정하고 매장일 때에는 묘지 장소, 화장할 때에는 화장장을 결정한다.

③ 출상 시기와 영결식 장소를 정한다.

④ 장례식을 전통식으로 할 것인가, 현대식으로 할 것인가, 아니면 종교식으로 할 것인가를 결정한다.

⑤ 부고를 알릴 범위와 방법을 정한다.

10. 부고

부고는 상이 났음을 알리는 통지서로서 가까이 사는 일가친척에게는 말로 전하고 나머지는 호상의 지시에 따른다.

```
金某氏  大人  學生慶州金公  以宿患(老患)
陰某月某日午前某時  於自宅別世  玆以訃告
發靷      月      日    午前  某時
葬地      郡      面      里    暮山

                              年      月      日
                        嗣子          ○○
                        次子          ○○
                        孫            ○○
                        弟            ○○
                        姪            ○○
                        婿          ○○○
                      親族代表      ○○○
                      友人代表      ○○○
                        護喪        ○○○
```

○○의 아버님 ○○○께서 노환으로 ○월 ○일 ○시에
별세하셔서 다음과 같이 장례를 모시게 되었기에 이에
아뢰나이다.

영결식 일시 : ○월 ○일 오전 ○시
영결식장 : ○○○○○
장   지 : ○○○○○   ○○○○년 ○월 ○일
                                호상 ○○○아룀

    ○○○ 귀하

장례식 일정과 장지가 결정되면 호상은 알려야 될 사람들에게는 빠짐없이 부고를 내야 한다. 요즘에는 개별 부고는 하지 않고 신문에 게재하거나 아는 사람끼리 연락을 취한다.

부고에 복인들의 이름을 쓸 때는 주상의 이름을 먼저 쓰고 다음에 미망인, 다른 아들, 며느리, 딸, 손자의 순으로 쓴다.

11. 염습(殮襲)

염습이란 죽은 이의 몸을 씻기고 수의를 입혀 염포로 묶는 것을 말하며, 준비가 되는 대로 염습하는 것이 원칙이다.

염습의 절차와 준비물은 전통 예법과 같다.

시체를 씻은 물, 수건, 고인이 입었던 옷 등은 불살라 땅에 묻는 것이 위생적이라고 할 수 있겠다.

수의는 입히기 쉽게 속옷과 겉옷을 겹쳐서 입히며, 아래부터 위의 차례로 입힌다. 옷고름은 매지 않고, 단추도 꿰지 않으며 옷깃은 산 사람과 반대로 여민다.

12. 입관(入棺)

소렴 대렴이 끝나고 나면 입관을 하게 되는데, 염습을 한 후에 바로 입관하는 것이 좋다. 입관할 때에는 관의 벽과 시신 사이의 공간을 깨끗한 백지나 마포로 채워 시체가 관 속에서 흔들리지 않게 한 후에 홑이불로 덮고, 관 뚜껑을 덮은 후 은정(隱釘=나무로 만든 못)을 박는다. 그리고 관상명정(棺上銘旌)을 쓴 다음에 장지(壯紙)로 싸고 노끈으로 묶는다.

13. 영좌(靈座)

입관 후에는 병풍이나 포장으로 가리고, 영좌를 마련해서 고인의 사진을 모시고 촛불을 밝히고 향을 피운다.

영좌의 오른편에는 명정을 만들어 세운다.

영좌 앞에 탁자를 놓고 술잔과 과일을 차려 놓고 조석으로 평상시처럼 분향하고 고인이 애용하던 물건도 차려 놓는다.

14. 명정(銘旌)

명정은 죽은 사람의 관직이나 성씨 등을 기록하여 상여 앞에 들고 가는 깃발을 말하는데 영좌의 오른쪽(서쪽)에 세워 두어도 되고 병풍이 있으면 병풍에 걸쳐 두어도 된다.

명정은 양끝에 가는 대나무를 대고 꿰매서 접히지 않게 한 뒤에 흰 가루를 아교에 개어서 세로로 쓴다.

*벼슬 없는 남자(예전)

學生全州李公之柩

*벼슬 없는 사람의 부인(예전)

孺人密陽朴氏之柩

*벼슬했었던 남자(현재)

敎長全州李公哲昊之柩

*벼슬했었던 사람의 부인(현재)

夫人安東金氏楊順之柩

아무리 낮은 관직이라도 반드시 쓰도록 하고, 관직에 있던 남자의 부인을 유인(孺人)이라고 쓰는 것은 잘못이다. 또한 이름을 분명히 쓰는 것이 좋다.

15. 상복(喪服)

상복은 한복일 경우 백색이나 흑색으로 하고, 양복은 흑색으로 하되 왼쪽 가슴에 상장(喪章)이나 흰 꽃을 단다. 부득이한 경우에는 평상복으로 해도 된다. 상장의 감은 베로 하고 상복이 백색이면 흑색 상장, 상복이 흑색이면 백색 상장을 하는 것이 합리적이다.

상복을 입는 기간은 장례가 끝나는 날까지로 하고 상장을 다는 기간은 탈상까지로 한다. 굴건제복(屈巾祭服 : 전통 예법의 제복)의 착용은 일절 금한다.(가정의례준칙 제4조 1항)

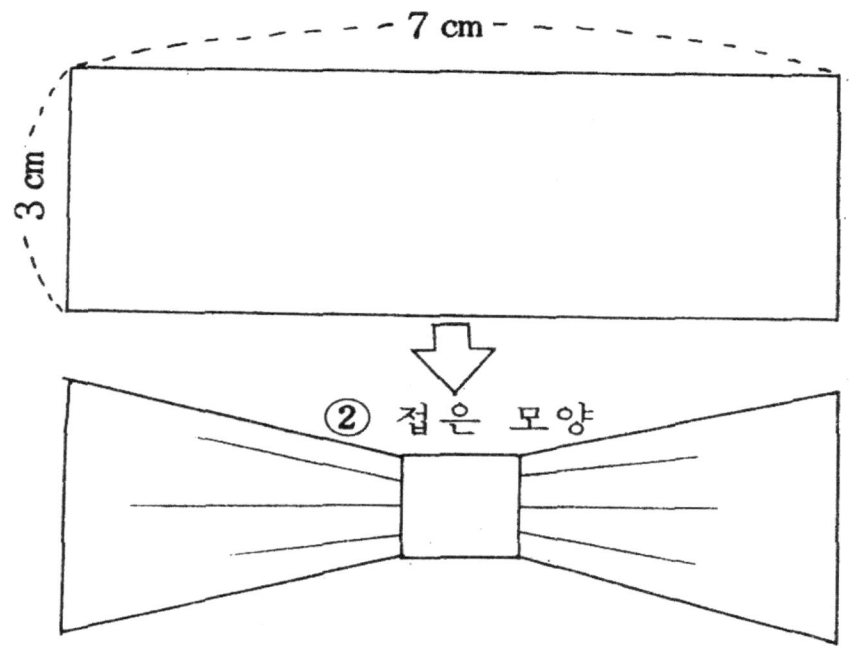

〈상장의 크기와 모양〉

16. 성복례(成服禮)

　상주와 주부를 비롯한 복인들이 각각 상복을 입고 서로 복인이 된 것에 대해 인사하는 절차로, 이 절차가 끝난 후에라야 문상객을 받을 수 있다.
　예전에는 대렴을 한 다음날 성복례를 했으므로 사망한 지 나흘째 되는 날이었지만, 요즘은 3일장이기 때문에 입관을 하면 즉시 성복례를 한다.

17. 조문(弔問)

　가정의례준칙에 주류 및 음식물의 접대는 금지되어 있으며 조화(弔花)도 보내지 못하도록 되어 있으나 실제로는 사문화(死文化)되어서 지켜지지 않고 있다. 예부터 가까운 사람들이 죽음을 슬퍼하여 상가를 찾아가 영좌 문상을 하는 것은 금할 수 없는 미풍양속으로 전해왔기 때문이다.

18. 조사(弔詞)

　고인을 슬퍼하며 쓰는 글이 조사다.
　전통 상례의 만장에 해당되는 것인데 시를 짓는 사람도 있다. 본인이 직접 참석하여 낭독하기도 하고, 신문, 잡지 등에 게재하기도 한다. 또 먼 곳에서 우편 등으로 보내기도 한다.
　사람의 죽음에는 천명을 다한 사람, 요절(夭折), 전사(戰死), 순직(殉職), 비명횡사(非命橫死) 등 여러 가지가 있을 것이므로 그 죽음의 처지에 따라서 슬픔도 다르고 위로하는 말도 다를 것이므로 경우에 따라 애도를 표해야 한다.

19. 만장(輓章)

만장이란 고인의 죽음을 슬퍼하며 지은 글을 비단이나 종이에 써서 기를 만들어 상여 뒤를 따르게 하는 것인데 가정의례준칙에 금지 사항으로 되어 있다.(가정의례준칙 제14조 제1항 5)

20. 장일(葬日)과 장지(葬地)

장일은 부득이한 경우를 제외하고는 사망한 날로부터 3일이 되는 날로 한다.(가정의례준칙 제10조)

옛날부터 전해온 관습으로는 우수〔짝수〕를 쓰지 않고 기수〔홀수〕를 써서 3일장, 5일장, 7일장으로 하여 왔고 또는 일진이 중상일(重喪日)인 경우를 피하여 장일을 정했다. 또 가세, 신분, 계급에 따라 장일을 결정했다.

요즘에도 일부 지방에서는 앞에서 말한 것에 준하여 장례를 치르는 곳도 있지만, 대부분이 3일장을 지내고, 장사는 매장이나 화장으로 한다.

장지는 일반적으로 공동묘지를 이용하지만, 경제적으로 여유가 있는 집안에서는 가족묘지나 선산으로 모시기도 한다. 그러나 부유층의 일부에서 하는 것처럼 호화 분묘 문제로 물의를 일으키는 일은 없어야겠다.

합장을 하는 경우에는 좌남여우(左男女右)로 한다.

21. 천광(穿壙)

묘 자리를 파는 일이 천광이다.

깊이 1.5m정도로 미리 파 준비해야 하는데, 이때 일꾼들이 땅에 술을 뿌리며 토지신을 달래는 의례를 말로 하기도 하지만, 대부분 술, 과일, 어포, 식혜 등으로 제상을 차려 개토고사(開土告辭)를 읽는 것이 관례다.

묘소의 왼편에 남향으로 제상을 차려놓고 고사 올리는 사람이 신위 앞에 북향하여 분향하고 두 번 절하고 나서 술을 부어 개토고사를 읽은 뒤 두 번 절한다. 그리고 선산에 장사하려면 먼저 선영(先塋)에게 고사 지내되 제일 가까운 분에게 제를 올린다.

維歲次(干支) (某)月 (干支朔) (某)日 (干支)
幼學(某) 敢昭告于
土地之神 今爲(某官) 窆玆幽宅 神其保佑 俾無
後艱 謹以 淸酌脯醢(果) 祗薦干神 尙饗

○○년 ○월 ○일 ○○○는 감히 고합니다. 이제 ○○○의 묘를
마련하니 신께서 도우셔서 후에 어려움이 없게 해주시기 바라며
청주와 포과를 올리니 흠향하옵소서.

22. 횡대(橫帶)와 지석(誌石)

횡대는 나무판 또는 대나무로 만들어 관에 회가 닿지 않게 하는 것이고, 지석은 돌이나 회 벽돌, 사발, 질그릇에 글을 쓰거나 새겨서 훗날에 묘를 표징하기 위한 것이다.

돌이나 벽돌의 경우에는 위쪽에 '○○○○○(본관 성명)의 묘', 앞쪽에 '생년월일, 사망 연월일, 배우자 성명', 뒤쪽에 '상주의 이름, 밑에는 고인의 약력'을 먹 글씨로 양각 또는 음각한다.

사발이나 질그릇의 경우는 안쪽에 본관, 성명을 먹으로 기록하고 불에 쪼여 말린 다음 재를 채워 엎어 묻는다.

23. 발인제(發靷祭) = 영결식(永訣式)(가정의례 준칙 제83)

발인제는 영구가 상가 또는 장례식장을 떠나기 직전에 영구와 영위를 작별하는 의식으로 상가 또는 장례식장에서 행한다.

발인제에는 영구를 모시고 그 옆에 명정을 세우며 제상에는 사진 또는 위패를 모시고, 촛대, 향로 및 향합을 준비한다.

*발인제의 식순

○ 개식
○ 주상, 상제들의 분향
○ 고인의 약력 소개
○ 조객 분향
○ 폐식

발인제는 영결식이라고도 하며 죽은 사람과의 마지막 작별을 하는 의식으로 특별한 장소에서 하기도 한다. 죽은 이가 널리 이름이 알려져 있으면 영결식을 거행하는 것이 좋다.

개식은 호상이나 친지 중에서 주관하며 향을 피우고 잔을 올린 후 상제들이 일제히 재배한다. 의식이 끝나고 나면 상가나 장례식장을 출발한다.

의식이 진행되는 중 고인과 가까운 친지 한두 사람이 조사(弔詞)를 낭독해도 무방하다.

24. 운구(運柩) (가정의례준칙 제15조)

운구란 글자의 뜻 그대로 관을 나르는 것이며, 영구차로 한다. 특별한 경우에는 상여로 하는데 사치스런 장식을 해서는 안 된다.

운구를 함에 있어서 행렬 순서는 사진, 명정, 영구, 상제 및 조객의 순으로 한다.

상여로 운구하던 절차의 노제(路祭), 반우제(返虞祭), 삼우제(三虞祭)는 가정의례준칙에는 지내지 않는 것으로 되어 있으나 잘 지켜지지 않고 있다. 노제란 장지에까지 이르는 도중에 고인의 친구, 친척이 지내는 의식이다.

25. 하관(下棺)과 성분(成墳)

영구가 장지에 도착하게 되면 묘역(墓域)을 다시 살펴보고 하관을 한다.

먼저 명정을 풀어 관 위에 덮고 상제들이 관 양쪽에 마주 서서 두 번 절한다. 하관할 시간을 맞추어 결관(結棺)을 풀고 영구를 반듯하게 한다. 천개(天蓋) 즉, 회(灰) 등을 덮고 평토(平土)한다.

평토가 끝나고 나면 준비한 지석(誌石)을 오른편 아래쪽에 묻고 성분한다.

하관할 때 산폐(山幣 : 폐백)를 드리기도 하는데 이것은 현(玄 : 파란 실), 훈(纁 : 붉은 실)을 상주가 집사에게 주면 집사가 현은 관의 동쪽 위에, 훈은 서쪽 아래쪽에 놓고 상주가 재배하는 것이다.

26. 위령제(慰靈祭)

① 위령제 〔가정의례준칙 제9조〕

위령제는 성분을 끝낸 후 그 무덤 앞으로 영좌(靈座)를 옮기고 간소한 제수를 차려놓고 분향, 잔 올리기 축문 읽기, 배례(拜禮)의 순으로 진행한다.

화장하는 경우의 위령제는 화장이 끝난 후 영좌를 유골 함으로 대신하고 매장의 경우에 같은 절차로 행한다.

〈축문의 보기 1〉

년　월　일

남편(또는 아내) ○○은 당신의 영 앞에 고합니다.
오늘 이곳에 유택을 마련하였으니 고이 잠드시고
길이 명복을 누리소서.

<축문의 보기 2>

```
            년    월    일
아들은(또는 손자) ○○은 아버님(또는 할아버님)
  영전에 삼가 고하나이다. 오늘 이곳에
  유택을 마련하였사오니 고이 잠드시고
    길이 명복을 누리옵소서.
  (어머니, 할머니의 경우에도 이에 준한다.)
```

② 반우(返虞)

집으로 돌아올 때 혼백을 모셔온다는 뜻의 반우는 신주(神主)를 영여(靈輿)에 모시고 집사가 분향하여 술을 부어놓으면 상제들은 오른편에 꿇어앉아 반혼고사(返魂告辭)를 읽은 다음 모두 곡하고 재배한 다음에 집으로 돌아온다.

<반혼고사(返魂告辭)>

```
維歲次○(太歲)  ○月 ○(月建)  朔○日 ○(日辰)
○○○(告辭者이름)  敢昭告干
顯○(祭位) ○○○(官名姓名) 形歸窀穸
神返室堂 神主未成 權奉紙榜 伏惟尊靈
```

지방이 아니고 사진을 모셨을 경우에는 권봉(사진)이라 쓴다.

27. 첫 성묘(省墓)

첫 성묘는 장례를 지낸 지 3일 만에 간다.

예전 관습으로는 성묘가기 전에 먼저 우제를 지냈다. 우제는 혼백을 편안히 모신다는 뜻의 제사이며 초우(初虞)는 묘소에서 돌아온 날 저녁 영좌에 혼백을 모시고 제례로 지낸다.

재우제(再虞祭)는 장사 지낸 그 이튿날 지내는 것이고, 삼우제(三虞祭)는 재우를 지낸 다음날 식전에 지내는 것이다

28. 탈상(脫喪)

부모, 조부모, 배우자의 상기(喪期)는 사망한 날로부터 백일까지이고 기타의 경우에는 장일(葬日)까지로 한다.

상기 중에 신위를 모시는 궤연(几筵)은 설치하지 않고 탈상제는 기제(忌祭)에 준한다.

예전의 관습으로는 초상난 날로부터 만 2년 동안 복을 입으면서 매월 초하루와 보름날 아침에 상식(上食)하고 명절에 차례를 지내며 소상(小祥)과 대상(大祥)의 제례를 지낸 후 맨 마지막에 올리는 절차가 탈상이다.

이것으로 한 사람의 죽음에 따른 상례의 절차는 모두 끝나고, 망자는 유족이나 친지들의 기억에 남아 해마다 돌아오는 기일(忌日)에 고인을 추모하게 하는 예를 지내는 것이다.

〈축문의 보기〉

> 아들은(또는 손자) ○○은 아버님 영전에 삼가 고하나이다.
> 세월은 덧없이 흘러 어느덧 상기를 마치게 되었사오니
> 애모하는 마음 더욱 간절합니다. 이에 간소한 제수를 드리오니
> 강림하시어 흠향하시옵소서.

3. 기독교에서의 장례(葬禮)

1. 일반 장례식

① 영결식
*개식사(開式辭) : 주례 목사
*찬송 : 주례 목사가 선택한다.
*기도 : 고인의 명복을 빌며 유족들을 위로한다.
*성경 봉독 : 주로 고린도후서 5장 1절, 또는 디모데전서 6장 7절을 낭독한다.
*시편낭독 : 주로 시편 90편을 읽는다.
*신약 낭독 : 주로 요한복음 14장 1절부터 3절 또는 데살로니가전서 4장 13절부터 18절을 낭독한다.
*기도
*약력 보고
*주기도문
*출관(出棺)

② 하관식
*기도 : 주례 목사
*성경 봉독 : 고린도전서 15장 51절부터 58절까지 낭독.
*선고 : 참석자 중 한 사람이 흙을 집어 관에 던지고, 목사는 하나님께로부터 왔다가 다시 돌아감을 선언.
*기도 : 주례 목사의 명복을 비는 기도.

*주기도문

*축도(祝禱)

2. 아동의 장례식

① 영결식

*식사 : 주례 목사의 개식사

*찬송 : 주례 목사가 선택.

*기도 : 명복을 비는 기도.

*성경 봉독 : 마가복음 10장 17절 낭독.

*위안사 : 주례 목사가 가족들에게 하는 위안의 말.

*기도

*출관

② 하관식

*찬송

*기도

*성경 봉독 : 시23편 1절~5절 또는 요한계시록 22장 1절~5절

*주기도문

*축도 : 주례 목사의 기도.

이상이 기독교식 장례의 대략적인 순서이다.

4. 천주교에서의 장례(葬禮)

천주교에서의 장례는 〈성교예규(聖教禮規)〉에 자세히 풀이가 되어 있다.

운명할 때 하는 성사(聖事)를 종부(終傅)라 하는데, 가급적 병자가 의식이 있을 때 신부를 청하여 종부성사를 받는다.

죽은 사람의 얼굴, 눈, 귀, 코, 입, 손, 발을 씻기어 성유(聖油)를 바르고 옷을 갈아입힌다. 상 위에 백지나 백포를 깔고 그 위에 고상(苦像), 촛대 둘, 성수 그릇, 성수채, 맑은 물을 담은 작은 그릇 등을 준비한다.

1. 종부성사

주례 신부가 오면 고해성사(告解聖事)를 하기 위해서 상 위에 있는 촛대에 불을 켜고 다른 사람들은 물러난다. 고해성사가 끝나면 노자성체, 종부성사, 임종 전 대사의 순서로 성사를 진행한다.

2. 임종 전 대사

신부가 없어도 종부성사는 운명할 경우에도 받을 수 있으므로, 가족들은 병자를 위해서 위로와 격려의 말을 하고 감명 깊은 책 등을 읽어준다.

3. 운명

운명 시에는 촛불을 밝히고 임종경을 외거나 성모덕서도문 등을 읽는다. 염경(念經)은 숨이 멈춘 다음에라도 한동안 계속한다. 운명할 때는 될 수 있는 한 운명하는 이의 마음이 불안하지 않게 큰 소리로 울지 않는다.

4. 초상

임종 후에는 시신에 깨끗한 옷을 갈아입힌 뒤 얼굴을 매만져 눈을 감기고 입을 다물게 하고 수족을 바르게 한다. 손은 합장시켜 묶거나 십자고상(十字苦像)을 잡게 하고 한다. 망자의 머리맡에 고상을 모시고 그 좌우에 촛불을 켜고 성수 그릇과 성수를 놓는다. 입관 때까지 이렇게 놔두고, 가족들은 그 옆에 꿇어앉아서 연도(煉禱)를 한다.

5. 연미사

운명을 하면 바로 본당 신께 보고하는 동시에 미사예문을 드려 연미사를 청한다. 장례일과 장례 미사시간을 신부와 의논하여 결정한다.

6. 장례식

장례일이 되면 성당으로 영구를 옮겨 연미사 및 사도예절을 거행한다. 〈성교예규〉에 따라 입관과 출관, 행상하관을 하고 화장은 금한다.

7. 소기(小朞)와 대기(大朞)

장례 후 3일, 7일, 30일에 연미사를 드리고, 소기와 대기 때에 연미사와 가족의 고해, 영성체를 한다.
예전의 교인들은 초상 때나 소기, 대기 때에 재래식 상례 중 신앙의 본질에 어긋나지 않는 범위에서 택하였다.

　간소한 음식 대접이라든가, 묘소를 찾아 떼를 입힌다든가, 성묘하는 것 등은 무방한 일이다.

5. 불교에서의 장례(葬禮)

*다비(茶毗)

불교의 의례 규범인 〈석문의범(釋文儀範)〉을 보면 추도 의식의 순서로 장례식을 거행한다고 되어 있다.

불교에서의 다비란 장례를 뜻하는 말이다.

임종에서부터 입관에 이르기까지 일반 장례식과 거의 같고, 영결식을 하는 데만 정해진 순서가 있다.

*개식 : 호상이 한다.

*삼귀의례(三歸依禮) : 불(佛), 법(法), 승(僧)의 세 가지 삼보(三寶)에 돌아가 의지한다는 뜻으로 주례승이 불교의식에서 항상 행하는 의례이다.

*약력 보고 : 망인과 생전에 가까웠던 친구가 망인을 추모하는 뜻으로 한다.

*착어(着語) : 부처님의 교법(敎法)의 힘을 입어 주례승이 망인을 안정시키는 말이다.

*창혼(唱魂) : 극락세계에 가서 고이 잠들라는 것으로 주례승이 요령(搖鈴)을 치며 한다.

*헌화(獻花) : 유지나 친지 대표가 한다.

*독경(讀經) : 망인의 혼을 안정시키고, 이 세상의 인연을 잊고 부처님의 세계에 고이 잠들라고 주례승과 참례자 모두가 하는 염불이다

*추도사 : 초상에서는 조사라고 하며 일반 장례에서와 같다.

*소향(燒香) : 일동이 함께 향을 피우며 망인을 추모, 애도한다.

*사홍서원(四弘誓願) : 주례승이 하며 내용은 다음과 같다.

① 중생무변서원도(衆生無邊誓願度) - 중생은 끝이 없으니 제도(濟度)하여 주기를 바라

는 것.

② 번뇌무진서원단(煩惱無盡誓願斷) - 인간의 번뇌는 다함이 없으니 번뇌를 끊기를 기원함.

③ 법문무량서원학(法問無量誓願學) - 불교의 세계는 무한하니 배우기를 기원하는 것.

④ 불도무상서원성(佛道無上誓願成) - 불도보다 더 훌륭함은 없으니 불도를 이루기를 원한다는 것.

*폐식 선언.

이러한 절차로 행하며 형편에 따라 가감하기도 한다. 그러고 나서 장지로 향한다. 불교에서는 거의가 화장을 하는데 분구(焚口)에 넣고 다 탈 때까지 염불을 계속하며, 다 타고난 뒤에 법주(法主)가 흰 창호지에 유골을 받아서 상제에게 주면 쇄골(鎖骨)한 후에 절에 봉안하여 제사를 지낸다. 그리고 봉안한 절에서 49제, 백일제 내지 3년 상을 치른다. 3년 상이 끝나면 봉안도에 있는 사진을 떼어내는데 이것은 일반의 상례에서 궤연을 철거하는 것이다.

6. 천도교에서의 장례(葬禮)

1. 수시(收屍)

천도교에서는 사람의 죽음을 환원(還元)이라고 한다. 환원을 하고 곧바로 천도교 의식의 용어로 청수(淸水)를 봉전(奉奠)하고 가족 모두가 심고(心告 : 한울님께 고하는 기도)한 후에 수렴한다.

2. 수조(收弔)

정당(正堂)에 청수탁(淸水卓)을 설치하고 조문하는 사람들이 이 앞에서 심고한 후 상주에게 조의를 표한다.

3. 입관(入棺)

입관에 앞서 명정을 다음과 같이 쓴다.

天道敎 神男(또는 女) ○○○氏之柩

원직(原職 : 천도교의 직분)이 있는 경우에는 신남(신녀) 대신에 직명과 도당호(道堂號 : 교도의 호명)를 표시한다.
입관을 마친 후 청수를 봉전하고 심고를 한다.

4. 성복식(成服式)

검정색 상복을 입으며 역시 청수를 봉전하고 심고한다.

5. 운구(運柩)

성복식을 끝내고 운구를 하는데 영결식을 자택에서 할 때는 운구식을 생략하며 발인 때에 행한다. 영결식은 자택이나 특정한 장소에서 행하며 그 절차는 다음과 같이 한다.

*개식

*청수봉전

*식사(式辭)

*심고 : 모두 같이 한다.

*주문(呪文) : 3회 병독(竝讀).

*약력 보고

*위령문 낭독

*조사(弔辭) : 내빈 중에서 대표로 낭독한다.

*소향(燒香)

*심고(心告)

*폐식

6. 상기(喪期)와 기도식

상의 기간은 배우자의 부모와 부부인 경우는 150일이며 조부모, 숙부, 형제자매는 49일이다.

위령 기도는 환원일(사망한 날)로부터 7일, 31일, 49일 되는 날 행하며, 그 순서는 다음과 같이 한다.

　*재계(齋戒), *청수봉전, *심고, *주문(呪文), *심고, *폐식.

7. 제복식(除服式)

환원 후 150일 되는 오후 9시에 다음과 같은 순서로 한다.

*재계, *청수봉전, *제복, *식사(式辭), *심고, *주문, *추도사,

*심고, *폐식.

7. 전통 상례

1. 유언(遺言)

환자가 위독해지면 가족들은 침착하고 조용하게 그가 자손들에게 남기고 싶은 말, 가훈, 유산의 처리 등을 대답하기 쉽게 묻고 그 대답을 기록하거나 녹음, 또는 여러 사람이 지켜 보는 가운데서 다른 사람이 대리로 받아쓰게 되는데 이것이 유언이다.

유언은 이 세상을 영원히 떠나는 사람의 마지막 말이므로 자손이나 친지들은 소중히 여 겨서 존중하여 따라야 할 것이다.

2. 임종(臨終)

운명(殞命)이라고도 하는 임종은 숨지는 순간이므로, 집 안팎을 깨끗이 치우고 돌아가 시는 이를 정침(正寢)으로 옮겨 새 옷으로 갈아입힌 다음 가족들도 옷차림을 단정히 하고 기다린다.

예전의 임종에서는 선비는 여자가 지키고 있는 데서 운명하지 않고, 부인은 남자가 지키 고 있는 데서 숨을 거두지 않는다 해서 밖에 나가 있도록 했지만, 최근에는 그런 관습도 바뀌었다고 할 수 있다.

망자의 숨이 끊어지면, 시신을 동쪽으로 눕힌다. 동향은 생성 재생의 방위이므로 되살아 나기를 기대하기 때문이다. 손발이 굳기 전에 살살 주물러서 곧게 편다. 중풍 등의 고질로 수족이 오그라져 있는 사람은 판자를 받쳐서 소렴 때까지 단단히 묶어놓는다.

정침이란 시신(屍身)을 모시는 방과 자리를 말한다.

3. 수시(收屍)

수시란 시신(屍身)의 눈을 감기고 코, 귀, 입을 솜으로 막고 안치시키는 과정을 말한다. 운명하게 되면 다음과 같이 침착하게 행한다.

① 깨끗한 솜이나 백지〔한지〕로 귀와 코를 막는다.

② 눈을 감기고 턱을 떠받쳐 입을 다물게 하고 머리를 높이 괸다.

③ 시체가 굳어지기 전에 손발을 고루 주물러 펴고 자세를 바르게 하고 백지로 얼굴을 덮는다.

④ 두 손을 배 위에 올려놓는다.

⑤ 백지나 베로 자세가 어그러지지 않게 묶는다.

⑥ 나무판〔屍床〕 위에 시체를 옮겨 누이고 홑이불로 덮은 다음에 병풍이나 포장으로 가린다. 그 앞에 고인의 사진을 모시고 양쪽에 촛불을 밝히고 중앙에 향을 피운다.

⑦ 시신이 있는 방은 덥지 않게 한다.

③ 수시는 남의 손을 대지 않고 가족들이 하는 것이 좋다.

4. 고복(皐復 = 招魂)

고복은 떠나가는 영혼을 다시 불러 들여 재생하기를 비는 초혼의식(招魂儀式)이다.

수시가 끝난 다음에 시체를 보지 않은 사람이 채반에 밥 세 그릇(속칭 사자 밥), 짚신(사자 짚신) 세 켤레를 담아 대문 밖에 놓고 여상(女喪)에는 여자, 남상에는 남자가 고인이 평소에 입던 옷 즉 남자면 두루마기, 여자면 적삼을 가지고 앞 지붕 위로 올라가서 왼손으로 옷깃을 잡고 오른손으로 옷 허리를 잡고 북향하여 옷을 휘두르며 크고 긴 목소리로 망령의 이름을 부르며 "복, 복, 복!" 세 번 외치고 나서 지붕에 옷을 던져놓는다. 요즘은 간소하게 하려고 복의를 기둥에 매어 두기도 한다. 입관을 하고 난 뒤 복의는 지붕에서 내려놓고 출상 때, 또는 입관 후 내린 즉시 소각하거나, 복의를 시신 위에 덮어 두었다가 대렴(大殮) 후에 영좌 앞에 두고, 후일 혼백과 같이 묘소에 묻는다.

지붕 위로 올라가는 것은 혼이 위에 있기 때문이며, 죽은 사람의 이름을 부르는 것은 혼이 다시 몸에 돌아오도록 하려는 것인데 이렇게 해도 살아나지 않으면 정말로 죽은 것으로 생각한 것이다. 다음에는 상주(喪主), 주부(主婦), 호상(護喪), 사서(司書), 사화(司貨)를 정한다. 이로부터 상주와 주부는 옷을 갈아입고 음식을 먹지 않는다. 주부란 맏며느리를 말하며 맏며느리가 없으면 주부가 없이 한다. 호상은 상례를 주관하는 사람이며, 사서는 모든 것을 기록하는 사람이고, 사화는 금품을 관리하는 사람이다.

5. 발상(發喪)

고복이 끝나면 자손들이 상제의 모습을 갖추고 초상난 것을 외부에 알리는 것을 발상이라고 한다. 상주는 머리를 풀고 버선을 벗고 왼 소매를 빼서 입고, 통곡을 한다. 성복제를 지내기 전까지는 이 같은 형상을 하고 두루마기는 입지 않는다. 호상을 선정하여 이후의 모든 장례 절차를 주관 지도하게 하고, 초상이 났음을 외부에 알리는 것으로, 가까운 친척에게는 전령을 보내거나 하여 속히 알리고, 발인 일시와 장지, 하관일시가 정해지면 부고를 작성하여 발송한다. 부고에는 부음과 고기가 따로 있었다. 부음은 어느 집안의 누가 언제 어디서 어떻게 별세하였다는 것을 알리는 것이고, 고기는 한 보름 후에 발인 일시와 장지 및 하관 시간을 통기하는 것을 말한다. 3일장, 5일장이 성행하는 오늘날에는 고기는 부고에 통합되어 없어졌다. 상주의 금식은 상주의 근력에 따라 할 수도 있고 안할 수도 있다.

발상과 동시에 한지에 상중, 상가, 또는 기중이라고 써서 문 밖이나 길목에 붙인다.

6. 상제(喪制)와 복인(服人)

① 상주(喪主)

상주는 상의 주인을 뜻하며, 직계 남자가 맡는다. 죽은 사람의 큰아들, 큰아들이 없으면 큰손자가 상주가 된다.

아내의 상은 남편이 상주가 되고, 큰아들 상에는 아버지가 되며, 아버지 없는 큰손자 상에는 할아버지가 상주가 된다.

② 상제(喪制)

죽은 이의 배우자와 직계비속(直系卑屬)은 상제가 된다.

자손이 없는 경우에는 가장 가까운 친척이 상례를 맡는다.

출계(出系 : 양자로 감)한 아들과 출가(出家)한 딸은 머리를 풀지 않으며, 딸은 비녀만 뺀다. 고인의 부인은 머리를 푼다. 고인의 아버지가 있으면 아버지가 주상이 된다. 아버지가 없으면 그 형이 주상이 되며 처가측은 아무리 가까워도 주상을 하지 못한다.

③ 복인(服人)

복인은 상복을 입는 사람을 말하는 것으로, 복인의 범위는 죽은 사람의 8촌 이내의 친족이 된다.

복인들 중 남자의 상에는 흰 두루마기를 입되 부상(父喪)이면 좌단(左袒 : 왼편 소매를 끼지 않음.)하고 어깨에 엇매며, 여자 상제들은 머리를 풀고 흰 옷을 입는다.

7. 호상(護喪)

발상이 끝나고 나면 호상소를 마련한다. 상주를 대표하여 친척, 친구 중에서 가장 상례에 경험이 많은 사람을 선정해서 상에 관한 모든 일을 맡아보는 것이 호상이며, 호상을 보조할 상례에 밝은 친구나 이웃 몇 사람을 상례(喪禮) 또는 집사(執事)로 정한다.

호상은 기장할 공책과 붓을 준비하여 부고(訃告), 금전, 물품의 출납을 기록하며 조객의 출입 및 부의금(賻儀金)의 출납을 기록한다.

8. 전(奠)과 상식(上食)

전은 고인이 살아 있을 때처럼 섬기는 마음으로 올리며 술, 포, 과일을 탁자 위에 놓고 손을 씻고 술잔도 씻은 다음 술을 따라서 시신(屍身)의 동쪽(오른쪽) 어깨에 닿을 정도로 올린다. 이처럼 염습(殮襲)이 끝날 때까지 매일 한 번씩 올린다. 전은 상주가 올리지 않고 집사가 올리며 절은 하지 않는다.

① 전 드릴 때의 준비
밥상, 어포, 과일, 또는 채소, 술, 식혜, 세숫대야, 수건.

② 관(棺)과 칠성판
관은 돌아가시기 전에 유삼(油衫), 송판 등의 재료에 옻칠하여 준비하였다가 운명하면 호상이 목수에게 시켜 천판 1장, 지판 1장, 사방판을 각 1장씩으로 하고, 두께는 세 치나 두 치 반으로, 높이와 길이는 시신에 알맞도록 한다. 칠성판은 염습할 때 시신의 밑에 까는 것을 말한다.

9. 부고(訃告)

부고는 글자 그대로 고인의 죽음을 알리는 것이다.
호상은 상주와 의논하여 친족, 친지에게 신속하게 부고를 전한다.
부고는 호상이 보내는 것이므로 호상의 명의로 작성된다.
부고장은 될 수 있는 대로 붓글씨로 쓰는 것이 좋고, 수량이 많을 때는 인쇄를 해서 봉투 글씨는 붓글씨로 쓰도록 한다.

```
某親  某人  以某月  某日  得病  不幸於
某月  某日  別世(殞命)  專人  訃告
                          年      月      日
                              護喪          上
    某位  座前
```
〈전인부고 쓰는 법〉

```
金某氏  大人  學生慶州金公  以宿患(老患)
陰某月某日午前某時  於自宅別世  玆以訃告
發靷      月      日      午前      某時
葬地      郡      面      里      暮山
                  年      月      日
                              嗣子      ○○
                              次子      ○○
                              孫        ○○
                              弟        ○○
                              姪        ○○
                              婿        ○○
                          親族代表      ○○○
                          友人代表      ○○○
                              護喪      ○○○
```
〈우편부고 쓰는 법〉

① 상주는 맏상주의 성명을 쓴다. ② 망인칭호(亡人稱號)는 호상이 부고를 보내는 것이므로, 상주의 아버지는 '大人', 어머니는 '大夫人', 할아버지는 '王大人', 아내는 '閤夫人'이라 쓴다. ③ 늙은이가 죽으면 노환(老患), 병환으로 죽으면 숙환(宿患), 뜻밖의 죽음에는 '사고, 급사(事故, 急死)'라고 쓴다. ④ 별세(別世)를 운명(殞命)이나 기세(棄世)라고도 쓴다. ⑤ 사람이 직접 전할 때에는 자이(玆以)를 전인(專人)이라고 쓴다.

부고를 전달하는 방법은 세 가지가 있다.

*전인(專人) 부고 : 사람을 직접 보내어 전하는 것.

*우편 부고 : 우편으로 전한다.

*신문 부고 : 신문의 광고란을 통해서 알리는 부고로 개별적으로 알리는 것은 생략한다.

10. 염습(殮襲), 입관(入棺)

입관하기 전에 시체를 깨끗이 닦고 수의(壽依)를 입히고 입관할 때까지의 절차로서 염습, 또는 염이라고도 한다. 또 소렴(수의를 입히는 절차로 사망 이튿날에 한다.), 대렴(사망 사흘날 아침 입관할 때의 절차)으로 나누어 한다.

시신을 목욕시키고, 수의를 입히면, 입관을 하게 된다. 시신을 목욕시킬 때는 머리를 빗기고, 상투를 틀고, 향탕(향나무 물)으로 솜이나 수건에 물을 적셔 시신을 닦는다. 남자는 남자가, 여자는 여자가 했으나, 요즘은 여자는 의복만 벗기고 남자가 하는 것이 상례다.

반함이라 하여 시신을 굶길 수 없다며 입에 쌀을 세 번 넣는데 입안의 오른쪽에서 왼쪽, 가운데 순으로 넣는다. 처음은 '천 석이요', 두 번째는 '이천 석이요', 세 번째는 '삼천 석이요'라고 외친다.

소렴은 의관을 씌우고 시신을 세부적으로 묶는 것을 말한다. 이때 머리카락, 손톱, 발톱을 깎아 주머니에 넣어 입관할 때 함께 넣는다. 대렴은 이불을 덮어 묶고는 입관하는 것을 말한다. 순서는 옷을 벗기고 홑이불로 가리고 씻긴 다음 시신을 시상에 옮겨 방에 모신다.

혼백은 명주실 세 가닥으로 사람이 이불을 덮고 있는 형상으로 호상이나 백관이 접는다. 모셨다가 삼우 후에 산소의 오른쪽에 매혼한다. 죽은 사람의 옷은 계절별로 한 벌씩만 남겼다가 빈소에 차려 놓는데, 철따라 옷을 바꾼다.

목욕시킬 준비물은 물 그릇 두 개를 시신의 위쪽과 아래쪽에 놓고, 새 솜과 새 수건 세 벌 – 시신의 머리, 윗몸, 아랫몸을 닦을 것들이다. 또 목욕시킨 후 머리카락과 좌우 손톱, 발톱을 깎아 넣을 주머니 다섯 개와 빗을 준비한다.

시신을 목욕 시킬 때는 시자(侍者)가 손을 씻고 더운 물을 가지고 들어가면, 식구 모두 방 밖으로 나와서 북향하여 선다. 시자는 목욕을 시킨 후 수건으로 잘 닦고 머리를 빗질한다. 손톱, 발톱은 잘라서 준비한 주머니에 넣어서 대렴(大殮)을 한 뒤에 이불 속에 넣는다. 빠진 이(齒)가 있으면 역시 주머니에 함께 넣는다. 목욕시킨 물과 수건, 빗은 마당에 파놓은 구덩이에 붓고 묻는다. 이 절차가 끝나면 모두 자리로 들어간다.

다음에 염을 하게 되는데 시자는 손을 씻고 따로 침상을 장막 밖에 마련해 놓고 수의(壽衣)를 펴놓는다.

11. 수의(壽衣)

*복건 : 검은 명주로 만든 모자.

*두건(頭巾) : 머리에 씌우는 수건.

*망건(綱巾) : 머리카락을 싸는 검은 비단.

*명목(瞑目) : 얼굴을 싸매는 것으로 명주베 사방 35cm 사각에 끈을 다는데 겉은 검은색, 안쪽은 붉은색으로 한다.

*악수(握手) : 손을 싸매는 것으로 길이 35cm, 폭 5cm로 한다.

*충이(充耳) : 새 솜으로 대추씨같이 만들어 귀를 막는 것.

*속옷〔內衣〕 : 속적삼, 속바지.

*겉옷 : 바지, 저고리, 버선, 대님, 요대(허리띠), 행전, 두루마기, 조대(條帶), 대대, 토수(吐手), 신(명주베에 종이를 붙여 만든 신).

*천금(天錦) : 시신을 덮는 홑이불.

*지금(地錦) : 시신 밑에 까는 겹이불.

*속포(束布) : 시체를 묶는 한지나 삼베.

*반함(飯含) : 버드나무 숟가락 한 개, 쌀 한 홉, 무공주(無孔珠 : 구멍 없는 구슬 세 개), 무공주가 없으면 10원이나100원짜리 동전으로 한다.

침상을 펴고 그 위에 두루마기와 바지를 오른쪽으로 여민다. 그러나 미리 복건(幅巾)이나 속옷은 씌우거나 입히지 않고 신도 신기지 않는다.

여자의 수의는 저고리, 적삼(홍, 황, 녹색 : 삼작), 속곳, 단속곳, 바지, 큰 허리띠, 저고리를 함께 겹으로 바르게 펴놓는다. 다음 속바지와 적삼을 입히고 망건을 씌우고 버선을 신긴 후 다시 겉바지를 입히고 대님과 행전, 요대(허리띠)를 맨 다음 네 사람이 시신 위아래를 동시에 들어서 침상으로 옮긴다. 겹쳐서 펴놓은 겉옷을 아래로부터 위로 올려서 좌우 손을 옷소매로 매고, 옷을 여민 후 매지는 말고 다시 이불을 덮어둔다.

복건   두건   망건

행전   버선   신

〈남자 수의의 보기〉

77cm

29cm

68cm

저고리

복건

68cm

68cm

21cm

52cm

160cm

26cm

바지

12. 설전(設奠)

설전은 상을 당하고 처음 지내는 제사이다.

주과포혜(酒果脯醯)를 왼쪽에, 포 오른쪽에 혜로 차린 상을 시신의 동쪽에 놓고 집사가 잔에 술을 부어 시신의 오른쪽에 어깨 부근에 놓고 애곡(哀哭)에 이어서 상주가 이 술을 되받아 입에 물려준다.

상주는 시상(屍床)의 동쪽에 앉아서 북쪽을 향하여 제사지내고, 모든 남자 상제들 중에서 3년 상을 입은 순서대로 앉는다. 같은 성(姓)으로 기년복(朞年服)이나 대공복(大功服), 소공복(小功服) 이하는 입은 차례대로 그 뒤에 모두 서쪽을 향해 앉는다.

주부와 여러 부녀들은 시상 서쪽에 앉는데, 같은 성의 부녀들은 역시 복을 입은 차례대로 그 뒤 동쪽을 향해 앉는다. 첩이나 종은 부녀들 뒤에 서는데 포장을 쳐서 안팎으로 가린다.

다른 성의 남자들은 포장 밖 동쪽에 앉고 부인들은 포장 밖 서쪽에 앉는다. 여인상(女人喪)일 때에는 같은 성의 남자들은 포장 밖 동쪽에 앉고 다른 성의 남자들은 포장 밖의 서쪽에 앉는다.

13. 반함(飯含)

시신의 입안에 구슬〔無孔珠〕과 쌀을 물리는 것을 말하는데, 상주는 곡을 하며 왼쪽 소매를 벗어 오른편 허리에 꽂고 무공주(구멍이 뚫리지 않은 구슬) 세 개를 담은 그릇을 받들고 깨끗이 씻은 생쌀을 담은 그릇에 버드나무 수저를 꽂아 들고 시신 앞에 들어가서 명건으로 얼굴을 덮고 시신의 동쪽 발치부터 서쪽으로 올라와 동쪽을 향해 앉는다. 시신을 덮은 명건을 들고 버드나무 수저로 쌀을 조금 떠서 입안 오른쪽에 넣고 무공주도 함께 넣는데 왼쪽과 가운데도 같은 방법으로 한다.

다음에 햇솜을 명주에 싸서 턱 아래를 채우고 복건(幅巾)을 채운 뒤, 충이(充耳)로 좌우의 귀를 막고 명목을 덮고, 신을 신기고 심의(深衣)를 거두어 여미되 옷깃은 산 사람과 반대로 오른편으로 여민 뒤 조대(條帶), 대대(大帶)를 동심결(同心結)로 매고 악수(握手)를 맨다.

이것으로 염습례는 마친 것이다. 시신은 다시 이불을 덮어 시상에 모신다.

염습을 끝내고 나면 사용했던 모든 기물(器物)은 태울 것은 태우고 땅에 묻을 것은 묻는다. 그리고 화롯불을 피우고, 영좌(靈座)를 꾸미고, 혼백을 만들고, 명정(銘旌)을 만들어 세운다. 이 절차가 끝나고 나면 가족, 친척, 친구가 들어가 곡을 해도 된다.

14. 혼백(魂帛)

1자 2치의 흰 명주나 모시를 접어 만들고 위에 3푼 넓이의 백지를 두르고 윗부분에

'上'자를 쓴 다음 혼백상자에 세운다. 혼백상자는 백색으로 만들되 뚜껑 앞에 '前'자를 쓰고 가운데에 손잡이를 달아 여닫기에 편하도록 한다.

혼백은 신을 의빙(依憑)하게 하는 것이며 시체를 가린 병풍 밖에 등메를 간 다음 교의 (交椅)를 놓고, 복의(復衣)를 백지에 싸서 교의 위에 놓고 그 위에 혼백상자를 서쪽을 향하여 봉안하고 흰 명주보를 덮는다. 교의 앞에는 제상을 놓고 위에 촛대 한 쌍을 놓는 다. 그 앞에는 향상(香床)을 놓는다.

혼백은 다음과 같이 접는다.

*그림의 번호 1을 2와 맞닿게 접는다. *그림 3을 반으로 나누되 3이 보이게 접어 1의 뒷면으로 가게 접는다. *번호4를 접되 4가 보이게 하고 2의 뒷면에 가게 접는다. *번호 5의 중간을 접되 5가 속으로 들어가게 접어서 1의 뒷면에 가서 3과 마주되게 접으면 번호 5는 보이지 않는다. *번호 6과 4가 서로 맞닿게 접으면 6은 보이지 않게 된다. *번호 7을 접어서 번호 6의 뒷면에 붙이면 7이 보이게 된다. *번호 8을 7과 맞닿게 접는다. *번호 4와 6의 사이를 벌리고 가로의 윗변을 한 치(寸)로 접어 4와 6에 붙게 안으로 접는다. *번호 7과 8의 사이를 벌리고 가로의 아랫변을 한 치(寸)로 접어 7과 8이 붙게 안으로 접고 벌리기 이전대로 접는다. *번호 9를 접되 번호 4의 아랫변과 윗변의 접은 것을 싸서 꽂으면 된다. *그림과 같이 백지로 표시하되 번호 8의 뒷면이 앞으로 가게 한다.

15. 소렴(小殮)

　사망한 이튿날 아침에 행하는데, 집안이나 지방에 따라 방법이 조금씩 다르지만, 일반적으로는 다음과 같다. 먼저 수의를 준비한 후 새로 주과포혜(酒果脯醯)로 상을 차려 제(祭)를 올리고 나서 소렴을 시작한다. 깨끗한 돗자리를 깔아 놓고 장포(長布)를 편 다음 그 위에 지금(地衾 : 시신을 쌀 겹이불)을 펴놓고 수의를 입히기 쉽게 하기 위해서 미리 겉옷 속에 속옷을 끼워서 펴 놓는다.

　시신을 옮겨 놓고 베개를 받쳐 준다. 수의는 아랫도리를 먼저 입힌 다음 윗도리를 입힌다. 옷깃은 왼쪽에서 오른쪽으로 여미고, 고름은 감기만 할 뿐 매듭은 짓지 않는다. 손을 악수(握手)로 싸매고, 두 귀와 콧구멍은 깨끗한 솜으로 틀어막는다. 그리고 혹시 시신에 아물지 않은 상처구멍이 있으면 깨끗한 솜으로 막아 준다. 눈은 명목(瞑目)으로 싸맨 다음 머리는 두건(頭巾)·복건·망건(網巾)으로 싼다.

　두 손은 배 위에 모으고 이불로 시신을 고르게 싼 다음 장포의 긴 쪽 양쪽 끝을 세 갈래로 찢어서 서로 잡아당겨 맨다. 가로로는 일곱 가닥으로 째고 각 가닥을 다시 각각 세 쪽으로 쩬 다음 발쪽에서부터 머리 쪽으로 올라가면서 양쪽 가닥을 꼭꼭 동여맨다. 이때 양쪽 다리 사이나 팔·목·어깨 사이 등에 옷이나 창호지 또는 황토를 싼 창호지 등을 끼워 넣어 시신을 반듯하게 한다.

　이렇게 하여 일곱 가닥을 묶으면 매듭은 일직선으로 모두 21개가 생기게 된다. 이렇게 묶는 이유는 나중에 관 속에서 시신이 썩어서도 흔들리지 않게 하기 위해서다. 수의를 입히는 동안 상제들은 곡을 하지 않는다.

　남자로서 참최(斬衰) 자는 웃옷의 한쪽 어깨를 드러내고 머리를 삼끈으로 묶는다. 자최(齋衰) 이하로 같은 5대조인 자는 모두 다른 방에서 머리만 묶으며 부인은 복머리를 한다.

　참최란 5복(服)의 하나로서 거친 삼베로 옷을 짓고 아랫단을 꿰매지 않은 상복(喪服)으로 아버지의 상(喪)에 입고, 자최란 역시 5복의 하나로 어머니 상에 입는다.

　5복이란 상복을 입는 다섯 등급으로 참최 3년, 자최 1년, 대공(大功) 9개월, 소공(小功)

5개월, 시마(緦麻) 3개월이다.

16. 대렴(大殮)

소렴을 한 이튿날 시신을 입관하는 의식으로, 먼저 관을 들어다 시상 서쪽에 놓고 관 밑 바닥에 볏짚을 태운 재나 숯가루를 고르게 깔고 백지를 빈틈없이 덮는다. 그 위에 칠성판을 깔고 지금(地錦)을 깐다.

다음에 대렴포(大殮布) 30자에 횡포(가로매) 두 매를 놓고, 맬 폭의 양쪽 끝을 반씩 쪼개면 좌우 각 여섯 쪽이 된다. 그 다음 장포(長布) 한 폭을 놓고 양끝을 셋으로 쪼갠 후 그 위에 대렴금(大殮錦)을 펴고 소렴한 시신을 그 위에 모신다.

다음은 먼저 발을 여미고 난 후 머리를 여민다. 왼쪽, 오른쪽 순으로 여민 후 다시 장포를 세 매로 묶고 횡포를 매는데 좌우로 다섯 쪽만 묶고 한쪽은 제쳐놓아 모두 다섯 매로 묶은 뒤 시신을 들어서 관 속에 기울지 않게 넣는다.

이때 다섯 주머니에 담은 머리털, 손톱, 발톱을 관 아래위에 넣는다. 또 그 밖에 빈 곳에는 망인의 옷을 뭉쳐서 채운다. 다음은 천금(天衾)을 관 속에 덮고 상주, 상제, 복인들은 애통하게 통곡한다.

이때 천개(관 뚜껑)를 덮고, 은정(나무못)을 박고, 명정을 관 동쪽에 세우고 장지로 관을 싸서 노끈 50발로 내결관(內結棺)한다. 다시 초석(짚자리)으로 싸고, 백지를 감은 가느다란 동아줄로 외결관(外結棺 : 관의 밖을 묶는 것.)하고 다시 천금(관을 덮는 홑이불로 위쪽은 검은색, 아래쪽은 흰색)으로 관을 덮는다.

① 영좌(靈座)

대렴이 끝나면 시신을 휘장이나 병풍으로 막고 그 앞에 향상(香床)을 놓고 향로(香爐), 향합(香盒), 사기 그릇, 촛대 한 쌍, 고인이 평소에 쓰던 물건을 놓는다. 이것을 영좌라 하여 죽은 이의 혼이 나와 앉는 자리라 한다.

〈영좌〉

② 명정(銘旌)

명정은 고인의 명패로 보통 폭 1.5척, 길이 6척 정도의 붉은색 비단에 흰 글자로 쓴다. 죽은 이의 관 앞에 세워 놓으며, 운구(運柩)시에도 앞에 걸고 가며 하관할 때 관 위에 덮고 묻는다.

③ 공포(功布)

공포는 상여의 길잡이로서 길의 높고 낮음, 좌우 갈림길을 알리는 것이다.

17. 성복례(成服禮)

성복은 복제에 따라 상주들이 상복을 입는 절차를 말한다. 상복을 입고 나면 성복제를 지낸다. 성복제는 각각 기복 차림으로 집사가 잔을 올리고 항렬 연장자순으로 복을 입는다. 상주의 옷은 오복도의 다섯 가지 양식에 의거해 지어 입는다. 굴건, 두건은 상주의 것은 질이 나쁜 삼베로, 백관의 것은 고운 베, 광목, 옥양목 등으로 접는다. 가마라는 것이 있는데, 이는 제자나 친구가 두건에다 가느다란 삼끈으로 테두리를 두른 것을 말한다. 상장(喪杖 : 상이 났을 때 상주가 짚는 지팡이)은 부친상일 때와 모친상일 때가 서로 다르다.

부친상에는 대나무, 모친상에는 버드나무를 짚는다. 이유는 아버지는 핏줄이므로 숨쉬기 좋으라고 대나무를 쓰고, 어머니는 자손이 번창하라는 뜻으로 버드나무를 쓴다는 것이다. 어느 지팡이를 짚든 뿌리 쪽이 위로 향하게 한다.

성복례는 대렴을 한 이튿날, 즉 사망한 지 4일째 되는 날 아침 날이 밝아 올 때 영좌 앞에 혼백을 탁자에 모신다. 제물을 갖춰 상을 차리고 오복의 모든 상제들은 차례대로 잔을 올리고 곡하며 재배한다. 남자는 영구의 동쪽, 여자는 서쪽에서 서로 마주 서며, 손들은 차례로 손윗사람들 앞에 꿇어앉아 조곡(朝哭)하며 절한다.

상복은 머리를 걷어매고 통건을 썼던 것을 다 버리고 상관(喪冠)을 쓰되 효건(孝巾)으로 받들고, 그 위에 수질(首絰 : 머리에 매는 끈)을 맨다. 치마를 입고 요질(腰絰 : 허리에 두르는 끈)을 띠고 짚신을 신고 장기(杖朞) 이상의 복인은 지팡이를 짚는다. 부인도 역시 마찬가지로 착용한다. 장기란 지팡이를 짚고 1년 복을 입는 것을 말하는 것이다.

성복할 때는 반드시 조곡(朝哭)하며 조곡한 뒤에는 절을 하지 않는다.

참최는 갓을 꿰매지 않고 자최는 갓을 꿰맨다. 모든 상복은 베로 만들고 수질과 요질은 삼끈을 꼬아서 만든다. 장기는 참최에는 대나무, 자최에는 오동나무로 만들어 쓴다.

〈삼띠〔麻帶〕〉　　〈자최 굴건〉　〈참최 굴건〉　　　〈행전〉

1. 머리띠　2. 3. 허리띠

상복 입을 사람이 어린이일 경우에는 건과 수질만 쓰지 않는다. 옛날에는 장기를 짚지 않는다 하였으나, 가례(家禮)에 따라 3년 상을 입는 자는 지팡이를 짚는다. 시자(侍者)의복(服)은 중단(中單)에 건(巾)만 쓰고 첩이나 비녀(婢女)는 배자(背子)에 대나무 비녀를 꽂는다.

18. 복제(服制)

복제는 복을 입는 기간을 말하는 것으로 참최 3년, 자최 3년, 장기 5개월, 부장기 3개월, 대공 9개월, 소공 5개월, 시마 3개월이다.

① 참최(斬衰)

아들이 아버지의 상을 당해 입는 복이다. 마음이 베이는 것 같다 하여 베를 그대로 잘라서 상복을 지어 입는다.

적손(摘孫)이 그 아버지가 사망하여서 조부, 증조부, 고조부를 위해 승중(承重)하는 자와 또 아버지가 적자(嫡子)를 위하여 입는 복도 같으나, 비록 승중을 했어도 3년 복을 입지 못하는 세 가지 경우가 있다.

*적손일지라도 폐질(廢疾)이 있어 사당에 제사 지내는 일을 못 하는 자.

*서손(庶孫)이 뒤를 잇는 경우.

*서자(庶子)로 대를 잇는 경우.

이상은 정복(正服)을 말한 것이다. 의복(義服)으로는 며느리가 시어머니를 위해서와, 남편이 승중했을 때 따라서 입는 복들도 이와 같다.

아들이 그 아버지의 복을 입다가 소상(小祥) 전에 죽으면 다시 그 죽은 이의 아들이 소상 때부터 복을 받아 입는다. 이것을 대복(代服)이라 하는데 초상에 하루라도 상주가 없을 수 없으니 아버지가 병들었거나 상기(喪期)를 채우지 못하고 죽었을 때 그 아들이 아버지를 대신하여 복을 입는 것이다.

참최의 상복은 삼승(三升)베로 만든다.

② 자최(齊衰)

아들이 어머니의 상에 입는 복이다. 상복은 참최의 옷과 같으나 다만 베가 조금 곱고 도련을 해서 짓는다.

아버지가 생존하고 어머니가 사망하였을 때, 출가한 딸과 서자, 적손이나 그 아버지가 죽었을 때, 조모, 증조모, 고조모를 위해 승중한 자, 어머니가 적자를 위해서 3년 상을 입지 않는다.

의복(義服)으로는 며느리가 시어머니를 남편의 승중에 따라서 입는 복, 남편의 계모가 장자(長子)를, 첩이 남편의 장자를 위해서도 3년 상을 입지 않는다.

아버지가 사망한 지 3년 안에 어머니가 사망하였을 때는 기년(朞年)만 복을 입는다.

③ 장기(杖朞)

적손이 조부가 살아 계시고 조모가 돌아가셨을 때나 그 아버지가 죽고 어머니가 개가했다가 사망한 경우에 입는 복이다. 승중했을 때는 증조모, 고조모의 경우도 같다. 또 아버지가 죽었을 때 어머니를 위해서도 같다. 계모, 적모에게도 의복(義眼)으로 이와 같다. 며느리도 시아버지가 있을 때 시어머니를 위해서는 같다.

3년 복은 윤달을, 기년은 1년을 상징하였고, 9개월은 물건이 3시(時)에 이루어진 것을 상징하였고, 5개월은 5행(行)설에서 상징하였고, 3개월은 1년 4시(時) 중에서 1시를 상징한 것이다.

④ 부장기(不杖朞)

조부모, 백숙부모, 형제, 중자(衆子 : 맏아들 이외의 모든 아들)를 위해서 입는 복이다. 5개월 복은 증조부의 복이요, 3개월 복은 고조부의 복이다.

아들, 고모, 누이가 시집가지 않은 경우, 시집을 갔어도 남편이나 자식이 없는 경우, 여자로서 남편의 형제의 아들, 첩일 경우 큰 부인, 첩이 남편의 중자를, 시부모가 적부(摘婦)를 위해서 입는 경우도 같다.

⑤ 대공(大功)

종형제, 종자매, 중손(衆孫) 등 4촌간에 입는 복이다. 대공, 소공에서 말하는 공은 삼베의 거친 정도를 뜻한다.

⑥ 소공(小功)

종조부, 종조고(從祖姑), 형제의 손자, 종형제의 아들, 재종형제(再從兄弟), 생질 등 6촌간에 입는 복이다. 의복으로 종조모, 남편 형제의 손자, 남편의 종형제의 아들, 형제의 부인, 남편의 형제, 동서와 시누이 경우도 소공복을 입는다.

⑦ 시마(緦麻)

8촌간에 입는 복으로 종증조부(從曾祖父), 종증조모, 증조의 형제자매 형제의 증손, 종조부모, 종형제의 자매, 외손, 내외종형제를 위해 입는 상복이다. 의복으로 남편의 형제의 증손, 남편의 종형제의 손자, 남편의 종형제의 아들, 서모, 유모, 사위, 장인, 장모의 경우도 같다.

요사(夭死 : 일찍 또는 재앙으로 죽는 것.)한 모든 사람을 위한복은 차례로 등급을 낮춘다. 남자로서 남에게 양자간 사람과, 시집간 여자가 그 생가의 부모나 친정 부모를 위해 입는 복은 모두 한 등급을 낮춘다. 생가의 부모나 친정 부모가 입어주는 복도 역시 같다.

요사한 나이에 따라 구분하면 다음과 같다.

나이 8세에서 11세에 사망한 사람은 하상(下殤).

12세에서 15세에 사망한 사람은 중상(中殤).

16세에서 19세에 사망한 사람은 장상(長殤).

8세 미만에 죽는 경우에는 복이 없는 상으로 곡만 하며, 난 지 3세 미만에 죽으면 곡도 하지 않는다. 남녀가 혼례를 치렀을 때는 모두 상(殤)이라 할 수 없다. 그러나 혈육의 정은 어른이나 아이나 다를 바 없어 상복이라는 것이 생긴 것이라고 할 수 있다.

⑧ 심상(心喪)

상복을 입지 않고 마음으로 슬퍼하는 것이니 스승에게 하는 것이 원칙이며, 마음속으로 3년의 복을 입는 것이다.

아버지가 생존해 있고 어머니가 사망했을 때, 적모, 계모, 출가한 생모, 재가한 어머니, 부모가 있는데 자기를 길러준 양부모가 사망 했을 때, 적손이 조부가 있는 조모, 증조모, 고조모가 사망했을 때, 남에게 양자간 자가 그의 생부모, 시아버지가 생존해 있는데 시어머니가 사망한 경우의 며느리, 첩의 아들의 아내가 남편의 적모(嫡母)가 사망했을 경우에도 같다.

⑨ 문상(聞喪)

객지에 나가 있는 사람이 부모의 상을 전해 듣고 돌아오는 것으로 부음(訃音)을 듣는 즉시 곡을 해야 하며, 사자(使者 : 부고를 전하는 인편)에게 절하고 흰 옷으로 갈아입은 다음 집으로 돌아와서 시신 앞에 나아가 상복으로 갈아입고 곡한다. 그리고 4일 만에 성복한다. 상중에 돌아갈 수 없는 경우라면 영위(靈位)는 만들지만 제물은 올리지 못하며 이때에 성복한다.

이미 장례가 끝난 뒤에 집에 도착하게 되면 먼저 묘소로 가서 곡하고 절한다. 도중에 아직 성복을 하지 못했을 때는 묘소 앞에서 변복(變服)을 하고 집에 가서는 영좌 앞에 나아가 곡하고 절한다.

자최 이하의 부인이 사정이 있어 집에 돌아오지 못했을 때는 머무는 장소에서 영위를 만들어 3일 동안 곡하고, 4일이 되는 날에 성복한다. 매달 초하루마다 영위를 만들어놓고 곡을 하고, 복 입은 달수가 차면 다음날 초하루에 영위를 만들어 곡하고 나서 복을 벗는다. 이것은 초상에 참례하지 못한 경우이며 상가에 갈 수만 있다면 영좌에 가서 곡하고 복을 벗어야 한다.

19. 조석전(朝夕奠)과 상식(上食)

아침에는 조전(朝奠), 식사 시간에는 상식, 저녁에는 석전(夕奠)을 올리는데 전을 올릴 때는 곡(夕哭)을 한다. 그 외에도 곡은 수시로 하고 초하룻날 조전은 제물 올릴 때 모든 반찬을 올린다.

새로운 음식이 마련되면 천신(薦新 : 새로 올리는 것)한다. 전이 끝나면 술과 과일만 남기고 다른 음식은 모두 치운다.

상식은 조전 의식처럼 술을 잔에 따르고 밥그릇 뚜껑을 열고 수저를 바르게 한다. 조금 있다가 대신 숭늉을 올리고 잠시 후에 상을 치운다.

석전도 조전과 같다. 석곡을 할 때는 혼백을 받들어 영좌에 모시고 상주 이하 모두가 슬프게 곡을 한다. 새 음식을 천신하는 것은 오곡 중 어느 것이나 새로운 것은 반드시 해야 한다. 3년 안에 천신하는 것은 오곡일 경우는 밥을 지어 상식으로 올리고 다른 음식은 상식 때 함께 올린다.

20 조상(弔喪)과 문상(問喪)

조상(弔喪)에서의 조는 '슬프다'는 것을 의미하고, 상은 '잃다, 없어지다'를 의미한다. 죽음을 슬퍼한다는 말로 죽은 사람에게 그 죽음이 애통해서 인사한다는 의미인 것이다.

문상(問喪)은 '죽음을 묻는다'는 의미로 상주에게 상을 당한 것을 위로한다는 뜻이다.

조상은 원칙적으로 성복한 후에 한다. 가까운 친척, 친한 친구는 성복하기 전에는 상주에게만 인사하고 빈소에는 절을 하지 않는다. 성복한 후라도 죽은 사람과 생시에 대면이 없었거나 또 조상하는 이가 여자인 경우에는 빈소에는 절하지 않고 상주에게만 인사한다. 영위를 보는 것은 상복을 입을 수 있는 사람만이다. 상주에 대한 인사는 장사 치르는 것에 대한 이야기 정도로 그친다.

① 조문하는 시기
과거에는 까다로웠지만 오늘날은 시간에 구애받지 않고 빈소에 조상하고 상주에게 문상해도 된다.

② 조문하는 대상

죽은 사람이 여자인 내간상이나, 남자인 외간상에 관계없이 빈소에 조상한 후에 상주에게 문상한다.

③ 조문객이 조심해야 할 점

옷차림은 소박하게 하고 붉은색 계통은 피한다. 또 장신구는 가급적 착용하지 않는 것이 좋다.

흉사 시 절할 때의 공수법은 남자의 경우는 오른손, 여자의 경우는 왼손이 위로 가도록 하고 모아 잡는다.

상가에서는 죽은 사람의 음덕이나 효성들을 화제로 삼고, 좋지 않았던 일이나 흉, 잡담 등은 하지 말아야 한다.

근엄하고 애도하는 몸가짐으로 행동해야 한다.

④ 상가와 상주가 조심해야 할 점

손님 대접에 소홀히 해서는 안 된다.

상주들은 조문객을 전송하기 위해 빈소를 떠나서는 안 된다.

남자 조문객은 남자 상주, 여자 조문객은 여자 상주에게 안내한다.

⑤ 조상하는 법

조객이 호상에게 성명을 통하고 들어가면 상주가 일어나 곡을 한다. 조객은 영구를 향해 곡을 하고 두 번 절한 다음(여자는 세 번) 다시 상주에게 절하고 인사한다. 조객이 손윗사람이면 상주가 먼저 절한다. 죽은 이가 손아랫사람이면 곡만 하고 절은 하지 않는다. 조상할 때는 누구나 소박한 차림을 하고 양복일 경우에는 가급적 검정색을 입는다. 조위품은

향, 차, 양초, 술, 과실 등이다. 부의(賻儀)는 돈이나 비단으로 하고 이름을 밝힌다.

최근에는 곡을 하지 않고 세 번 분향을 하고 잠시 묵념을 하고 절하는 것으로 대신하기도 한다.

⑥ 곡하는 법

상주는 "아이고…" 하면서 몹시 슬프게 통곡하고, 조객들은 "어이…" 하면서 곡한다.

⑦ 문상하는 방법

조상하는 이가 호상에게 통성명을 하면 불을 밝힌 뒤 자리를 깔고 상주 이하 상제 일동이 자리에 나가 영좌 동남쪽에 서서 곡을 하면서 기다린다. 조상하는 이가 빈소에 들어가 상주에게 읍하면서 "이게 웬일입니까?", "얼마나 상심되십니까?" 등의 인사를 한 뒤에 부조 물품이나 부의금을 올리고 호상의 안내로 영좌 앞에 나아가 조상한다.

⑧ 부의(賻儀)와 부조(賻助)

부의를 전할 때는 백지에 단자(單字)를 써서 봉투에 넣어 보낸다. 단자를 쓰지 않을 때는 봉투 표면에 물목을 기록한다. 부의금은 상주에게 주는 것이 아니라 호상소에 전달하는 것이며 호상소에서는 조위록에 조문객의 이름과 부의금을 적어 관리한다.

21. 치장(治葬)

묘지를 조성하는 것으로 호상은 미리 상주와 의논해 장지를 선정해야 한다.

① 택지(擇地)

산역(山役)을 하기 위해 먼저 산에 온 사람은 정한 장소에 말뚝을 박든지 금을 그어 표시를 해놓는다.

명당(名堂)을 택한다고 묘지 조경이라든지 매장, 성묘 등에 불편한 곳을 고르는 것보다는 배수가 잘 되고 볕이 잘 들며 왕래하기에 편한 곳을 고르는 것이 더 좋은 묘지를 택하는 것이라고 할 수 있다.

명당을 택한다는 것이 그곳에 묻힐 조상을 기리는 것보다는 자손을 위한 목적이 더 크므로 효도라고 할 수 없다.

② 고사(告祀)

매장을 시작할 때 지내는 것이 사토제(祠土祭)이다. 묘지 자리의 네 군데 모서리를 파고 후토(后土) 즉 토지신(土地神)에게 고한다. 축관은 집사를 데리고 표목(말뚝) 중간에 남쪽으로 향하게 해서 신위(神位)를 마련한다. 술을 따르고 포와 과일을 진설한 다음 지낸다. 상주는 참례하지 않는다.

③ 토지신에게 고하는 축문

維歲次 干支 某月 干支朔 某日 干支
某官 姓名(관직이 없으면 幼學某라 씀) 敢昭告干
土地神 今爲 某官 姓名 營建宅兆 神其保佑
俾無後艱 謹以 淸酌脯果 祇薦干神 尙饗

○○년 ○월 ○일 ○○○는 감히 토지신에게 고합니다. 이제 ○○○의 묘를 마련하오니 뒤에 어려움이 없도록 도와주시고 청주와 포과를 올리오니 흠향하소서.

④ 동강선영축문(同岡先塋祝文)

선조의 묘 부근에 분묘를 쓸 때 선조의 묘에 올리는 축문.

⑤ 광중(壙中)

100

광중이란 시신을 묻을 구덩이를 말하는데, 깊이 1.5m정도로 파고 석회에 모래를 섞어 관이 들어갈 크기로 외곽을 만든다.

내외분을 합장할 때는 서편을 위로 삼아서 남자의 자리를 서편으로 한다. 원래 예법에 품(品) 자 모양으로는 묘를 쓰지 못하므로 계배(繼配)는 다른 곳에 묘를 써야 한다.

22. 천구(遷柩)

천구란 영구를 옮긴다는 뜻이며 발인하기 하루 전날 조전(朝奠) 때 천구함을 고한다.
고사가 끝나면 영구를 받들어 사당에 고하고 마루에 옮겨 대곡(代哭)을 시킨다.
복을 입을 사람들은 모두 상복을 입고 자리에 나가 곡한다. 조전 때는 축관이 술을 따르고 무릎 꿇고 엎드려 축을 읽은 뒤 일어나면 상주 이하 모두 슬프게 곡하고 두 번 절한다.
영구를 옮길 때는 부인들은 나서지 않고 상주 이하 모두가 서서 지켜본다.
축관이 혼백을 받들고 앞서서 사당에 고하면 집사는 제물을 진설한다. 다음에 명정을 따라 일꾼들이 영구를 들어 모시는데 상주 이하 모두 곡하면서 그 뒤를 따른다. 이때는 혼백이 영구를 대신해도 된다. 제물이 먼저 가고 명정이 다음, 혼백이 그 뒤를 따른다. 사당 앞에 다다르면 북쪽을 향하여 혼백을 자리 위에 놓는다.
다시 영구를 마루로 옮길 때는 집사가 마루에 장막을 친다. 영구를 자리 위에 모실 때 머리를 남쪽으로 한다. 영좌를 마련하고 영구 앞에 제상을 준비하고 상주 이하 모두가 제자리에 가서 앉아 곡한다. 그리고 제물을 진설했다가 해가 진 뒤에 조전(祖奠)을 올린다.
조전(祖奠)은 조전(朝奠)과 같은 방법으로 지내는데, 저녁상식을 지낸 후에 지내지만 저녁상식과 함께 겸해서 지내기도 한다.

23. 발인(發靷)

영구가 상가를 떠나 장지로 출발하는 것을 발인 또는 출상이라 한다. 발인 시에는 반드시 발인제를 지낸다. 발인제 때 관의 위치는 천구하여 관을 상여 앞에 두고 발인제를 지내는 경우 영구를 상여 위에 올려 모셔 놓은 다음 발인제를 지내는 경우가 있다. 발인제는 간단하게 제물을 차리고 발인축을 읽고, 맏상주는 두 번 큰 절[단작이배]을 한다. 발인제를 지내고 상여꾼들이 상여를 처음 들어올렸을 때 망자의 집 쪽으로 향하여 세 차례 상여를 올렸다 내렸다 하는데, 이는 망자가 집을 보고 마지막 하직 인사를 하는 것이라 한다. 상두꾼은 보통 남자들이지만 상여가 나갈 때 상여의 뒤쪽에 광목을 길게 늘어뜨려 부인들이 이것을 잡고 따라 가기도 하는데, 이를 '설매' 또는 '배줄'이라 하고 혼이 저승 갈 때 타고 가라는 뜻이다.

옛날에는 대여(大輿)를 썼는데 가난한 사람은 어려운 일이므로 상여를 쓰는 풍속이 생겼다. 삽(翣)은 원래 깃털로 만든 부채 모양이었으나 후세에 와서는 네모진 꽃 화포(畫布)에 길이 다섯 자의 자루를 달고 긴 털을 장식한다. 대부(大夫)는 불삽(보물삽)을 쓰고 사(士)는 운삽(운아삽)을 쓴다.

신주는 밤나무로 만들고 궤는 검은 옻칠을 한다. 다음날 날이 밝으면 영구를 상여에 옮겨 모시고 견전(遣奠)을 지낸다. 다시 말해서 집사가 조전 지낸 것을 치우면 축관이 북쪽을 향하여 무릎을 꿇고 고사를 읽는 것이다. 이때 일꾼들이 영구를 옮겨 상여에 싣고 새끼로 단단히 맨다. 상주는 곡을 하면서 영구를 따라 내려가 영구 싣는 것을 지켜보고 부인들은 장막 안쪽에서 곡한다. 상여 앞에는 공포(功布)를 세우고 곁에는 운삽을 세운다. 묘지에서 창을 들고 사방을 지키는 사람을 방상(方相) 또는 방상(防喪)이라고 한다. 공포는 영구 위의 먼지를 털어내는데도 쓰는 것으로 흰 무명 세 자로 만들고 명정처럼 대나무에 매단다. 그 뒤로 만장이 줄을 지어 따른다.

*만장(輓章)

만장은 죽은 사람을 애도하며 글을 지어 보내는 것으로 만사(輓詞)라고도 한다. 첫 머리에 근조(謹弔)라 쓰고 본문을 쓴 다음에 자기의 본관, 후인(後人) 성명 '哭再拜'라고 쓴다.

상여 뒤를 따르는 사람이 별로 없는 벽촌의 쓸쓸한 장례식에 휘날리는 몇 장의 만장이 지나가는 이의 발걸음을 멈추게 하는 것은 우리의 아름다운 풍습이라고 할 수 있다.

24. 견전(遣奠)

견전이란 영구가 떠날 때 지내는 제사인데, 영구를 상여에 옮기고 조전(朝奠) 때와 같이 제수를 차리고 축관이 술을 따라 올리고 무릎을 꿇고 축문을 읽고 나면 상주 이하는 모두 곡하고 두 번 절한다. 제사가 끝나면 집사 중에 포를 거두어 상여에 넣는 사람도 있다. 예법에는 없는 것이지만 효심에서 나온 것이다.

25. 운구(運柩)

발인 후 상여를 장지로 운반 이동하는 것을 운구 또는 운상이라 하거나 '행상 나간다'고 한다. 운구를 담당하는 일꾼은 '상두꾼'이라 하며, 상여 노래의 앞소리를 하는 사람을 '선소리꾼'이라 한다. 운상 때는 맨 앞에서부터 명정, 영여, 만장, 운삽, 상여, 상주, 백관, 조문객의 차례로 줄을 잇는다. 노제를 안 지낼 수도 있지만, 운구 도중에 보통 한 차례 지낸다.

노제는 주로 죽은 사람의 친구들이 주제관이 되어 지내므로 원하는 우인들이 많은 경우는 두서너 차례 지내기도 한다. 노제의 장소는 마을 어귀, 골목 어귀, 삼거리 등 죽은 사람의 추억이 깃든 장소를 지날 때 지내는데, 친구들이 망자와 마지막 하직 인사로 지내는 것으로 망자와의 이별을 섭섭하게 여겨 행하는 제사이다.

〈운삽〉　　　　　〈신주〉

노제는 운구 도중 적당한 곳에 장막, 혹은 병풍 등으로 제청을 꾸미고 상여 앞에 상주 이하 복인들이 늘어서면 조전자가 분향, 헌작하고 꿇어앉아 제문을 읽으면 모두 재배한다.

영구가 떠나는데 장지가 멀거나 병으로 갈 수 없을 경우에는 상주나 여러 사람들은 검소한 수레를 타고 가다가 묘소 앞 삼백 보쯤에서 내린다. 수레 대신 여윈 말을 타기도 했다.

조객들이 마을 밖에서 돌아갈 때는 영구를 머물게 한 뒤에 상주 이하 모두가 곡을 하고 조객들은 영구를 향해서 곡을 하고 두 번 절을 하고 돌아간다.

영구가 묘소에 이르기 전에 먼저 영악(靈幄)을 마련하고 조객들을 머물게 한다. 이때 방상(方相)이 앞서 묘소에 도착해서 창으로 광중(壙中)의 네 모퉁이를 친 뒤에 상여가 도착하면 축관이 혼백을 받들어 영좌에 모신다. 신주상자는 혼백 뒤에 모신다. 이때 올리는 제물은 술, 실과, 포, 식혜로 한다. 견전에서 남은 포는 이때에 치운다.

영구가 도착하면 집사가 먼저 광중 남쪽에 돗자리를 깐다. 영구를 이 자리 위에 머리를 북쪽으로 향하게 해서 모신다. 축관은 공포를 가져다가 영구의 먼지를 털어낸다. 집사는 대나무는 버리고 명정을 영구 위에 놓는다.

곡을 할 때 상주와 남자들은 광중의 동쪽에 서서 서쪽을 향하고 주부와 여인들은 광중 서쪽의 장막 안에 서서 동쪽을 향한다.

26. 하관(下棺)과 성분(成墳)

상여가 장지에 도착하기 전에 장지에서 일하는 일꾼을 '산역꾼'이라 한다. 산역꾼과 지관은 장지 근처의 바위나 개울가에 가서 술, 과일, 어포를 차려 놓고 '오늘 이산에 손님이 들어오니 산신께서는 손님을 잘 보살펴 달라'고 빌면서 산신제를 지낸다. 그리고 묘를 쓸 자리에 명태를 막대기나 삽에 묶어 꽂아 세우고, 그 주위에 술을 뿌리고 개토제를 지낸다. 묘 자리를 조성하기 위해 구덩이를 팔 때는 묘 자리의 상중하에 술을 붓고, 술을 부은 자리에 괭이로 각기 흙을 파기 시작한다. 이 파는 것을 '천광 낸다' 또는 '굿 낸다'고 한다. 하관은 천광이 끝나면 지관이 잡아준 하관 시간에 맞추어 상제들이 관을 운반해 와서 베 끈을 잡고 천천히 하관한다. 하관할 때 상주는 곡을 하지 않는다. 하관은 시신의 머리는 북쪽으로 발은 남쪽으로 향하게 하여 하관한다. 하관 때 시신을 관에서 끄집어내어 다시 묻는 '동천개'는 쓰지 않고 관과 함께 묻는데, 이때 지관이 하관하는 것을 보면 해롭다고 하관을 보지 못하게 한다.

하관할 때 상주 형제들은 곡을 그치고 관이 비뚤어지지 않나 다른 물건이 떨어져 묻히지 않나 살펴야 한다.

하관하는 데는 먼저 가느다란 나무 둘을 회를 깐 바닥 위에 놓고 기다란 나무 두 개를 광중 위에 가로 놓고 영구 위에 있는 명정과 구의(柩衣)를 벗기고 그 가로지른 나무 위에 올려놓는다. 다시 무명 두 가닥으로 관 밑바닥을 머리쪽과 발쪽에서 떠서 들고 장목을 치운

다음 서서히 내려 보낸다. 바닥 위의 나무에 관이 놓일 때 바르게 놓이는가를 살피고 나무 토막을 치우고 광중으로 내려 보낸다. 이것이 끝나면 흰 솜으로 관을 깨끗이 씻은 다음 구의와 명정을 관에 반듯하게 덮는다. 삽(翣)은 광중 양쪽에 기대어 둔다.

집사가 현훈(玄纁 : 폐백으로 쓰는 것으로 파란빛과 붉은빛의 비단을 동심결로 묶은 것)을 가져다가 상주에게 주면 상주는 이것을 받아서 축관에게 준다. 축관은 이것을 받들고 들어가 관의 동쪽, 즉 죽은 사람의 왼편에 바친다. 또는 현은 동쪽 위에 훈은 서쪽 아래에 올리기도 한다. 상주가 두 번 절하고 이마를 조아리고 나면 모든 사람이 슬피 곡을 한다.

석회를 처음 넣을 때는 관 위에 횡판(橫板)을 대서 회가 관에 바로 닿지 않게 한다. 백회로 관 위를 채운 뒤에 지석대 위에 글씨를 쓰는 사람도 있다. 그리고 상주는 두루마기나 옷자락에 깨끗한 흙을 담아 관의 상하 좌우에 "취토! 취토! 취토!" 하고 외치며 흙을 던진다. 흙을 채울 때는 한 자쯤 채우고 다진다. 그 위에 지석을 묻고 성분한다.

발인 날이 말일인 경우에는 쥐띠인 사람과, 죽은 이와 상극의 띠를 가진 이가 하관을 보면 죽은 사람이나 산사람 모두에게 해롭다고 하여 보지 않는다. 상주도 마찬가지다.

하관이 끝나면 지관은 관을 바로 잡고 평평한지 여부를 살펴 이상이 없으면 흙덮기에 들어가는데 이를 '복토한다'고 한다. 그리고 봉분이 완전히 성분되었을 때 주과포를 차려 평토제를 지낸다.

평토제를 지내고 나면, 집사는 영좌(혼령을 안치하는 장소)를 철거하고 상주는 영여에 혼백을 모시고 왔던 길로 되돌아 집으로 오거나, 상여가 왔던 길과는 다른 길로 되돌아온다(다른 길로 와야 귀신이 못 따라 온다고 함).

되돌아올 때 상주들은 영여를 뒤따르는데 이를 반혼이라 한다. 집에 돌아오면 안 상주들이 곡을 하면서 혼백을 맞이한다. 혼백은 빈소에 모셔진다. 그러면 망자에게 반혼을 고하는 제를 지내는데 이를 반혼제라 한다. 앞에 주과포혜를 진설하고, 술을 치고, 축을 읽고 상주들이 두 번 절한다.

영좌를 장지에서 반혼하여 와서 혼백을 다시 모시고 난 후부터 담제를 지내기 전까지 지내는 각종 제사를 묶어 흉제라 한다. 기제사 지내기 전의 각종 제사는 담제를 지냄으로써 보통 끝이 난다.

분묘 복판에 중심을 잡고 직경 16, 17척, 합장일 때는 20여 척이 되도록 원을 그려 성분터를 잡는다. 후일 비석, 석상(石床), 망주석(望柱石)을 묘 앞에 세우기도 하고 석상 북쪽에 혼유석(魂遊石)을 세우고, 남쪽에 향안석(香案石)을 세우기도 한다.

① 지석(誌石)

훗날 묘의 징표로서 돌, 회벽돌, 오지, 사기그릇 등에 글을 새겨서 묻는 것이다.

〈지석의 크기〉

② 신주(神主)

신주는 나무로 만든 죽은 사람의 위패(位牌)를 말한다.

신주에 글을 쓸 때는 집사가 벼루, 붓을 준비하였다가 글씨를 잘 쓰는 사람에게 시켜서 손을 씻고 쓰게 하고, 축관이 신주를 받들어 영좌에 모시고 혼백은 상자에 넣어서 그 뒤에 놓는다. 이어서 향을 피우고 술을 따른 후 무릎을 꿇고 축을 읽으면 상주 이하 모두가 두 번 절하고 통곡한다.

27. 반곡(返哭)

상주 일행이 장지에서 집으로 돌아가면서 곡하는 것이 반곡이다. 반곡(反哭)은 반혼(返魂), 반우(反虞)라고도 한다. 곡비(哭婢)가 앞서가며 다음에 행자(行者)가 따르고 그 뒤에 요여(腰轝)가 가며 상제들은 그 뒤를 따른다. 본가에 도착할 때는 망문(望門), 즉 곡을 한 뒤에 신주를 영좌에 모시고 혼백은 신주 뒤에 둔다. 주인 이하는 대청에서 회곡(會哭)하고 다시 영좌에 나아가 곡하며 집에 있던 사람들은 두 번 절한다.

조상 온 사람이 있으면 처음에 하던 것과 같이 절을 한다.

이때 소공 이하 대공까지의 복인으로서 따로 사는 사람은 제 집으로 돌아가도 된다. 그리고 돌아가는 길에 조상하는 사람이 있어도 길에서 하게 하지 말고 집에 돌아온 뒤에 한다.

28. 상중(喪中)의 제례(祭禮)

사람이 죽으면 상주가 상복을 벗을 때까지 죽은 이를 제사지내는 것을 상중제례라고 한다. 장례를 치른 날부터 시작해서 상복을 벗고, 모신 신주의 위패를 고쳐 쓸 때까지의 제례를 말한다. 상중제례는 초우, 제우, 삼우, 부제, 소상, 대상, 담제, 길제의 아홉 번이 있다.

① 초우(初虞)

반혼한 혼백을 빈소에 모시며 제사를 지내는데 이를 초우제라 한다. 초우제와 반혼제를 함께 하는 경우가 많으며 초우제는 장례 당일에 지내야 한다. 초우제를 지내고 나면 상주 이하 상제들은 비로소 목욕을 할 수 있지만 빗질은 하지 못한다.

집이 멀 경우에는 중간에서 자는 집에서라도 지낸다.

초우에서부터는 정식 제사로 지낸다. 서쪽 뜰 서남쪽 위에 세숫대야와 수건을 준비하고 대야는 탁자 위에 놓고 수건은 줄을 매어 걸어놓는다. 술병은 영좌 동남쪽에 탁자를 놓고 그 동쪽에 둔다. 술잔, 받침도 그 위에 놓고 퇴주그릇도 놓는다. 화로를 영좌 서남쪽에 놓고 그 서쪽 탁자에는 축판을 놓고 향로에 불을 담아놓고 모사와 띠도 조금 묶어놓는다. 날이 어두우면 촛불을 켜고 제물은 조전과 같다. 제물 외에 채소, 과일은 영좌 앞쪽으로 놓고 수저는 그 안쪽 중앙에 놓는다. 술잔은 그 서쪽, 술은 병에 채워놓는다. 상주와 상제들은 방 밖에 지팡이를 짚고 서며 그밖에 제사에 참여한 사람들은 영좌 앞에 가서 곡한다. 이들은 모두 북쪽을 향하고 복의 차례로 선다.

【강신(降神)】 사람이 죽으면 혼은 하늘로 올라가고 백은 땅으로 내린다 하므로 축관은 곡을 멈추게 하고 상주는 서쪽 뜰로 내려가 손을 씻고 영좌 앞으로 나가 분향하고 두 번 절한다. 집사도 모두 손을 씻고 한사람은 술병을 들고 상주의 오른편에 서고 또 한 사람은 탁자 위에 있던 잔반을 들고 상주의 왼편에 선다. 상주와 집사가 모두 꿇어앉아 집사가 술을 따르면 상주는 이것을 받아 띠 위에 붓고 빈 잔반(盞盤)을 집사에게 준다. 집사는 이것을 받아 탁자 위 제자리에 놓는다. 상주는 엎드렸다가 일어나 조금 뒤로 물러나 두 번 절하고 본래의 자리로 간다. 강신이 끝나면 축관이 제물을 올리는데 집사가 이를 돕는다. 소반 위에 생선, 고기, 간(肝), 국수, 밥, 국을 받들어 가져다가 영좌 앞에 진설하고 축관과 집사는 제자리로 돌아간다.

【초헌(初獻)】 신위(神位)에게 처음으로 잔을 올리는 것이 초헌이다. 상주가 영좌 앞으로 나가면 집사가 영좌 앞에 있는 잔을 상주에게 주고 술을 따른다. 상주는 이것을 받아서 모사(茅沙) 위에 세 번 따르고 집사에게 준 다음 엎드렸다가 일어선다. 집사는 잔을 받아서 다시 영좌 앞에 놓고 집사는 메 뚜껑을 열어놓는다.

상주 이하 모두 무릎을 꿇고 엎드리면 축관이 축판(祝板)을 들고 상주 왼쪽으로 나와 무릎을 꿇고 축문을 읽는다. 축관이 축문을 다 읽고 나면 상주는 곡하고 두 번 절한 뒤에 다시 제자리로 와서 곡한다. 다른 사람들도 일제히 곡을 하다가 조금 후에 그친다. 이때 집사는 빈 그릇에 술을 따르고 빈 잔반을 본래의 자리에 놓는다.

【아헌(亞獻)】 아헌은 초헌에 이어 두 번째로 잔을 올리는 것이다. 아헌은 주부나 차자(次子)가 하는데 절차는 초헌 때와 같고 축문은 읽지 않는다. 만일 장자가 사망하여 장손자가 승중하였을 경우 주부 대신 손부가 한다.

【종헌(終獻)】 아헌 다음에 올리는 종헌은 상주 다음으로 가까운 사람이 하는데 남녀 어느 쪽이든 무방하다. 절차도 아헌 때와 같고 조금 부족하게 따른 술잔은 유식을 위해 그

대로 둔다. 다음 절차는 유식(侑食)이다.

【유식(侑食)】 글 뜻은 웃어른을 모시고 식사를 한다는 뜻이지만, 슬퍼만 하지 말고 식사를 하자는 뜻이다.

집사가 다른 술잔에 술을 따라 종헌 시 올린 잔에 첨작해서 붓는다. 다음에 숟가락을 밥 그릇 복판에 꽂고 서쪽에 있는 젓가락을 그릇 위에 반듯하게 놓는다.

이때 상주 이하 모두 밖으로 나가고 축관이 합문(闔門)을 한다.

【합문(闔門)】 사당에서 제를 지내는 경우에 해당한다. 첨작이 끝나면 합문한다. 축 관이 사당 문을 닫으면 상주 이하 문 밖에서 서쪽을 향하고 그 외 사람들은 그 뒤에 선다. 주부 이하 여자들은 남자들 반대편에서 그처럼 하고 이런 자세로 식사하는 시간만큼 기다 린다. 소위 응감(應感)하라는 뜻이다. 축관이 문을 열면 상주 이하 모두 본래의 자리로 가 서 곡을 하면서 계문사신(啓門辭神)한다.

【계문사신(啓門辭神)】 문을 열고 신을 작별하여 가게 한다는 것으로, 축관이 문 북 쪽에 가서 기침을 세 번 하고 문을 열면 상주 이하 모두 제자리에 서고 집사는 국을 거두고 대신 냉수를 그 자리에 놓고 삼초반(밥을 세 번 떠서 물에 마는 것)한 다음 축관이 상주 오른 쪽에 서서 서쪽을 향하여 이성(利成)을 고한다.

【이성(利成)】 신위에게 음식 올리는 일이 끝났음을 말하는 것으로, 집사는 수저를 대접에 내려놓고 밥그릇 뚜껑을 덮고 자신의 자리로 간다. 상주 이하 모두 곡하면서 두 번 절하고 축관은 축문을 불사르고 모두가 밖으로 나가면 집사가 제물을 치운다.

만일 초우를 낮에 지냈으면 저녁에 상식을 다시 올린다. 이렇게 하는 것은 상식과 우제는 다른 제사이기 때문이다. 제사가 끝나면 축관은 혼백을 가져다가 집사와 함께 깨끗한 곳에 묻는다. 발인할 때는 신주가 혼백 뒤에 있고 반혼할 때는 혼백이 신주 뒤에 있으니 그 뜻이

나타난다. 그러므로 혼백을 묘소 근처에 묻는 것은 잘못이다.

이때부터 조석으로 전은 올리지 않는다.

② 재우(再虞)

초우를 지낸 다음 첫 유일(柔日)이 되어 지낸다.

원래는 초우제를 지내고 난 다음날, 또는 그 하루 거른 다음날 아침에 지내는 것이었지만 보통은 초우제 지낸 다음날 아침에 지낸다.

조석전을 올리지 않더라도 슬픈 마음이 나면 언제라도 곡을 하는 것이 또한 예의이다. 유일이란 을(乙), 정(丁), 신(辛), 계(癸)의 간지에 해당하는 날이다. 제사 지내는 법은 초우와 같다.

루 전에 제기를 깨끗이 닦고 음식을 마련한다. 동이 틀 때 일찍 일어나서 채소, 과일, 술, 반찬을 진설하고 날이 밝으려고 할 때 제사를 지낸다.

③ 삼우(三虞)

삼우는 재우를 지내고 다시 강일(剛日)을 골라서 지낸다.

삼우제를 지내고 나서 상주는 묘지에 갈 수 있다. 상주는 간단한 묘제를 올리고 성분이 잘 되었는지 묘역이 잘 조성되어 있는지를 직접 살피고 잔손질을 한다.

최근에는 상기를 단축할 경우 삼우날(삼우제날) 가서 봉분 옆에 흙을 파고 혼백을 묻는다. 이를 매혼이라 한다.

강일은 갑(甲), 병(丙), 경(庚), 임(壬)의 간지에 해당하는 날이다. 제사 지내는 법은 재우와 같다.

④ 졸곡(卒哭)

삼우제를 지내고 3개월 후 날을 잡아 졸곡제를 지낸다.

최근에는 상기가 짧을 경우 삼우제가 끝난 뒤 첫 강일에 지내기도 한다. 졸곡제를 지내고 나서 상주는 아침저녁으로 조석을 올릴 때만 곡하고, 평시에는 빈소에서 곡을 하지 않는다. 졸곡 전에는 축문에 상주를 "疏子○○"라 쓰지만 졸곡 후에는 "孝子○○"라고 쓴다.

요즘 풍속에는 귀천이 없이 모두 석 달 만에 지내지만, 고례에 의하면 대부(大夫)만이 석 달 만에 지내고 사(士)는 한 달을 넘어서 지낸다.

졸곡 하루 전에 그릇과 음식을 준비하고 동이 틀 때 일찍 일어나서 채소, 과일, 술, 반찬을 진설한다. 축관이 오면 상주 이하 모두가 들어가 곡하고 강신한다. 상주와 주부가 반찬을 올리고 초헌, 아헌, 종헌을 마치고 유식, 합문, 계문사신을 행한다.

이때부터 조석에 슬픈 마음이 나도 곡하지 않는 것이다. 그리고 상주 형제들은 채소와 밥을 먹고 물을 마신다. 과일은 먹지 않는다. 제사지내는 법은 모두 우제와 동일하다.

⑤ 부제(祔祭)

졸곡제 다음에 지내는 제사로 신주를 조상 신주 옆에 붙여 모시는 제사이다. 사당이 있는 경우 망위의 신주를 모셔가서 이미 봉안되어 있는 선망신위들과 존비, 위차에 맞게 자리매김하여 제사를 모신다. 철상 후 빈소로 신주를 다시 모셔온다.

이 제사도 졸곡과 같이 차리지만 사당에 지내는 것만이 다르다. 사당이 비좁으면 마루에서 지내기도 한다. 조고(祖考), 조비(祖妣)의 자리는 한가운데에 마련하여 남쪽을 향하게 하고 아버지의 자리는 그 동남쪽에 마련하여 서쪽을 향하게 한다. 어머니가 죽은 때에 조고의 자리는 마련하지 않는다. 술병을 탁자 위에 준비하고 다른 탁자에 화로를 준비한다. 모든 음식 준비는 졸곡 때와 같이 하여 세 분의 몫으로 나누고 어머니 초상에는 할머니, 어머니의 두 몫으로 나누어 놓는다.

목욕하고 빗질도 하고 동이 틀 때 하는 절차는 졸곡 때와 같다. 상주 이하가 영좌 앞에서 곡한다. 먼저 조고의 신주를 받들어 내다가 영좌에 놓고 여집사가 조비의 신주를 받들어 내다가 그 동쪽에 놓는다.

이 절차가 끝나면 상주 이하가 다시 영좌에 나아가 곡하고 축관은 신주함을 받들고 사당으로 들어간다. 이때 모두가 차례대로 따른다.

새 신주를 모실 때는 향을 피우지 않는다. 어머님의 초상일 때 참신(參神)하고 강신(降神)한다. 참신이란 자리에 있는 모두가 두 번씩 절하여 조고(祖考)와 조비(祖妣)께 뵙는 것을 말한다.

이때 축관이 제물을 올리고 나면 초헌하고 축문을 읽는다. 다시 아헌, 종헌이 끝나면 역시 자리에 놓고 새 신주로 모신다. 초헌이 끝나면 축관은 동쪽을 향하여 꿇어 엎드려 축문을 읽는다.

축문을 다 읽고 일어나면 상주는 두 번 절한다. 다음으로 축관은 새 신주 앞에 가서 다시 남향하여 엎드려서 축문을 읽는다. 다 읽고 일어나면 주인은 두 번 절한다. 이때는 아무도 곡을 하지 않는다.

이 의식이 끝나면 차례대로 서서 참신하고 강신한다.

【지방(紙榜)】 지방은 백지 또는 두꺼운 흰 종이에 쓰는데 크기는 폭 두 치, 길이 일곱 치 정도에 해서(楷書)로 중심에 가늘게 써서 제사 지낼 때면 교의 위에 세운다.

⑥ 소상(小祥)

사망 후 1년 만에 지내는 제사로 제사 방식은 우제와 비슷하다. 먼 친척도 오고 문상객(주로 초상 때 조문오지 못한 사람)도 많이 오므로 음식을 많이 장만해 대접한다. 소상을 치르고 나면 일반적으로 바깥 상주와 안 상주는 요질과 수질을 착용하지 않는다.

옛날에는 날을 받아서 소상을 지냈지만 지금은 첫 기일에 지낸다.

기년복만 입는 사람은 길복(吉服)으로 갈아입는다. 그러나 기년복을 입은 사람이라도 소상을 지내는 달이 다 가기 전에는 비단이나 색깔이 찬란한 옷은 입지 않는다.

제사가 시작되면 강신하기 전에 상제들은 연복으로 갈아입고 기년복을 입는 사람들은 길복을 입고 곡한다. 강신에서 사신(辭神)까지의 의식은 졸곡 때와 같다.

소상이 지난 후는 삭망(朔望)에만 곡을 한다. 상주가 순서에 따라 분향, 헌작하고 재배하면 모든 참석자도 곡하고 재배한다. 상주는 상식하고 또 곡하고 조객이 오면 위문을 받는다.

상식에 진설했던 제수는 자정 전에 집사가 치우고 다시 새로운 제수를 차리고 지낸다.

자정이 되어 제사를 지내려 할 때 상주 이하 모든 복인들이 자리에 선 후 집사가 상주 이하 복인들에게 세수와 양치질을 지시한 다음 강복을 하되 상주는 수질, 부판, 짧은 치마를 입으며, 복인들도 복의를 벗은 후에야 상주가 영위 앞에 나아가 강신을 하는 것이다.

⑦ 대상(大祥)

사망 후 2년 만에 지내는 제사로 소상과 같은 방식으로 지낸다. 소상 때보다 문상을 많이 오는 큰 행사이다. 보통 대상이 끝나면 사당이 있는 경우 신주는 사당에 안치하고 영좌는 철거한다. 담제를 따로 지내지 않는 경우는 이날 바로 탈상하고 상기를 끝내기도 한다.

남편이 지내는 아내의 대상은 13개월 만에 지내며 이것이 첫 제사가 된다.

소상과 같이 하루 전에 목욕하고 제기를 닦고 제수를 준비한다. 연복을 마련하고 날이 밝을 무렵에 제사를 드리는 것은 소상 때와 같다. 제사가 끝나면 축관이 신주를 받들고 사당으로 가서 모신다. 이때 상주 이하 모두가 곡하며 따라가다가 문을 열고 신주를 자리에 모시면 모두 두 번 절하고, 축관이 문을 닫으면 모두 물러나온다.

이것으로 3년 상은 모두 끝나며 상복, 상장(喪杖)은 태워버리고, 상복은 묘지기나 가난한 사람에게 주기도 한다.

이날부터는 3년간 먹지 못하던 고기나 젓갈을 먹기도 하는데 이것은 다음 담제(禫祭)를 지낸 후라야 옳다고 할 수 있다.

⑧ 담제(禫祭)와 길제(吉祭)

대상 후 두 달째 되는 날을 잡아 제사를 지내고 이날 탈상을 하는 것이 원칙이며, 요즘은 지내지 않는다. 담제 때 탈상하고 나서 사당 고사를 한 번 더 지내는데 이를 길제(吉祭)라 한다. 지금은 이 길제도 사라졌다. 이후의 제사는 기제사로서 이는 제례(祭禮)에 포함시키고 상례에는 포함시키지 않는다.

담제는 대상에서 한 달이 지나 두 번째 달에 지내는 제사로 삼년상을 마치므로 자손 된 마음이 다소 담담하다는 뜻이다.

담제 날짜는 그 전달 하순에 날을 정하는데 丁, 亥일로 한다. 그러나 초상이 두 번 있어서 나중의 상중에는 먼저의 담제를 지내지 못한다. 또 나중의 담제도 지내지 않는다.

담제 일을 정할 때는 탁자를 사당 문 밖에 놓고서 향을 피우고 상주 이하 모든 자손들이 모여서 날짜를 고른다. 여기에서 날짜가 정해지면 상주는 사당에 들어가 감실 앞에서 두 번 절하고 그 자리에 있던 사람들도 모두 두 번 절한다. 상주가 향을 피우고 축관이 명사(命辭)를 가지고 주인 왼편에 꿇어앉아 읽고 나면 상주는 두 번 절하고 자기 자리로 간다. 이때 다른 사람들도 모두 두 번 절한 후에 축관이 문을 닫고 물러난다.

제사 지내는 절차는 신위를 영좌가 있던 곳에 모시고 그 밖의 절차 는 대상의 의식과 같다. 다만 삼헌하는 동안만 곡을 하지 않고 사신(辭神)할 때만 곡을 한다. 축관이 신주를 받들어 사당에 다시 모실 때도 곡을 하지 않는다. 그러나 고인을 그리는 마음이야 어찌하랴. 항상 애도의 심정에서 해마다 찾아오는 기일과 절기에 제사를 지내게 되는 관습이 제례이다

제사가 끝나면 비로소 술을 마시는데 먼저 식혜를 마시고 고기를 먹기에 앞서 건육을 먹는 것이 좋다.

이로써 망인에 대한 상례를 다한 것이니 탈상(脫喪)한 것이며, 생전에 아무리 효도했다 해도 상제는 죄인이라 자처하다가 일반인이 되었다하여 길제(吉祭)라고 한다.

길제는 담제 다음날에 상순 중 丁, 亥일로 택일하여 선조에게 고사를 하고 선친이 비로소 제사에 참례하는 제사로써 오대조고, 비는 제사를 마치고 묘사(墓祀)에 옮겨지는 절차의 제사이기도하다.

29. 이장(移葬 = 改葬)

풍수설에 의해 하는 것보다 도심지의 확장으로 하는 수가 많다. 새 묘지를 선정하고 옛 묘소에 이르러 토지신에게 제사를 드리는데 이때의 의식은 일반 제사와 같다. 즉 제수를

진설하고 술을 올리고 두 번 절한 다음 축문을 읽는다.

토신제를 지내고 나면 묘소 앞에 제상을 차리고 초상 때와 마찬가지로 다시 제사 지낸다.

제사가 끝나면 분묘를 파기 시작한다. 묘의 서쪽부터 괭이로 한번 찍고 "파묘!" 하면서 사방을 찍은 다음 흙을 파낸다. 관을 들어낼 때는 흩어지지 않도록 조심하고 준비한 칠성판에 놓을 때 긴 감포(베, 무명으로 시체를 싸 감는 것)로 칠성판과 함께 머리 쪽에서부터 감아 내려간다.

칠성판에는 못으로 북두칠성을 그려놓는다 시체를 새 묘지에 옮겨놓으면 역시 토신제를 올려야 하며 그 의식은 처음과 같다.

30. 상식(上食)과 조석곡(朝夕哭)

성복 후에는 조석으로 상식을 올리고 곡을 한다. 상식은 식사와 함께 올린다. 메(밥), 갱(국), 찬(반찬), 다(숭늉) 등이다. 탁자에 상식품을 진설하고 메그릇 뚜껑을 연 다음 숟가락을 꽂고 젓가락을 수저그릇 위에 가지런히 올려놓는다.

곡을 한 다음 갱을 물리고 숭늉을 올리고 나서 메를 세 숟가락 떠서 숭늉에 말고 조금 있다가 상을 치운다. 그러나 잔반과 잔은 그대로 둔다.

31. 치상(治喪) 뒤의 인사

장례식이 끝나면 일을 봐주던 사람들이 돌아가게 되는데 이때 상주와 상제들은 각각 인사를 잊으면 안 된다. 경우에 따라서 수고해준 사람들에게 사례를 해야 할 것이다.

이런 인사는 대개 주부들이 잘 알아서 하겠지만, 상주도 인사말을 잊어서는 안 된다. 돌아갈 때 미처 인사하지 못했다면 후에 찾아뵙고 인사해야 하며, 먼 곳에 있는 분이나 조장(弔狀)을 보내온 분에게는 답장〔答弔狀〕을 해야 한다.

[제 례(祭禮)]

제례란 조상의 제사를 모시는 여러 가지 예를 일컫는 말이다.
뿌리 없는 나무가 없듯이 조상 없는 자손은 있을 수 없다.
나를 낳아 길러주시고 가르쳐주신 선조에 대하여 인륜의 도의로
정성껏 제사를 모시는 것은 자손으로서 당연한 도리인 것이다.
아무리 바쁜 생활에 쫓기는 현대인이지만
일년에 한 번 돌아오는 조상의 기일만이라도
보은 감사의 마음을 가지고 예를 지킴이 옳다고 본다.

1. 제례의 뜻

부모의 제일을 기제라고 하는데, 기(忌)의 뜻은 휘(諱)한다는 것으로 그 날을 금기(禁忌)한다는 말이다. 옛날에 군자는 부모의 종신상(終身喪)을 입는다고 하여 제삿날은 더욱 경건하게 하였다고 한다.

제례란 조상의 제사를 모시는데 대한 여러 가지 예를 일컫는 말이다. 뿌리 없는 나무가 없듯이 조상 없는 자손은 있을 수 없다. 나를 낳아 길러주시고 가르쳐주신 선조에 대하여 인륜의 도의로 정성껏 제사를 모시는 것은 자손으로서는 당연한 도리라고 할 수 있다. 아무리 바쁜 생활에 쫓기는 현대인이지만 일년에 한 번 돌아오는 조상의 기일만이라도 보은 감사의 마음을 가지고 예를 지킴이 옳다고 본다.

우리의 제례범절이 그렇게 난해하지 않음에도 불구하고 제대로 지켜지지 않고 있음은 그만큼 오늘을 살아가는 우리들이 제례를 등한히 하고 조상에 대한 자손의 도리를 저버린 결과라고 볼 수 있다. 흔히들 제사를 모실 때는 많은 음식과 제수를 차려 놓아야만 되는 것으로 생각하는데 이것은 크게 잘못된 사고방식으로, 모든 기제사는 본인의 형편에 따라 정갈하게 진설, 정성껏 지내면 된다.

기제사의 봉사는 5대조까지 모시는 것이 일반적인 우리의 풍속이었으나, 옛날 권문명가들은 8대조 봉사까지 하는 경우가 허다했다. 그러나 오늘날의 가정의례준칙(18조)에 의하면 제주로부터 2대조까지만 기제를 지낼 수 있다.

제사를 드리는 시간은 돌아가신 전(前)날 자정이 지난 새벽 1시경 조용한 때에 엄숙히 드리는 것이 좋다.

제사는 보통 제주의 가정에서 드리며, 대청이나 방 한 곳에 제상을 차린다. 그러나 특별한 지위나 사회적인 기제일 경우에는 다른 장소를 마련하여 행사한다. 제주는 고인의 장자나 또는 장손이 되며, 장자나 장손이 없을 때는 차자 또는 차손이 제사를 주관한다. 상처를 한 경우에는 남편이나 그의 자손이 하고, 자손이 없이 상부한 경우는 아내가 제주가 된다. 참사자는 고인의 직계 자손으로 하되 가까운 친척이나 친지도 참석할 수 있다. 부득이 참사할 수 없는 자손은 자기가 있는 곳에서 묵념으로 고인을 추모하면 된다.

1. 제구(祭具)와 제기(祭器)

① 제구(祭具)

제구란 제례를 올리는데 필요한 기구로 제례 외에는 사용하지 않는 것이 좋다.

*병풍(屛風) : 화려한 그림이나 경사 잔치에 관련된 문구가 있는 것은 피한다.

*교의(交椅) : 신주나 위패를 놓아두는 의자이므로 제상이 높으면 교의도 높아야 된다. 그러나 요즘은 제상 위에 신위를 봉안하므로 없어도 된다.

*향안(香案) : 향로, 향합, 모사그릇을 올려놓는 작은 상. 향상(香牀).

*신위판(神位板) :지방(紙榜)을 붙이는데 쓰며 나무로 제작해 제상에 놓거나 액자 모양으로 제작해도 된다.

*제상(祭牀) : 120cm × 80cm 정도의 크기. 일반 교자상으로 대체해도 괜찮다.

*주가(酒架) : 주전자, 현주병 등을 올려놓는 작은 상.

*소탁(小卓) : 신위를 봉안하기 전에 임시 올려놓는 작은 상.

*소반(小盤) : 제사 음식을 나를 때 사용함.

*촛대(燭臺) : 좌우 한 쌍을 준비한다.

*향로(香爐) : 향을 피우는 작은 화로.

*향합(香盒) : 술을 따르는 그릇에 담은 띠의 묶음과 모래를 담는 그릇이다.

*축판(祝板) : 축문을 끼워놓는 데 쓰며 뚜껑이 붙어 있는 판을 말한다. 결재판이나 흰 봉투로 사용해도 된다.

*돗자리 : 하나면 되지만 묘지에서는 넉넉하게 준비해야 한다.

*지필묵연함(紙筆墨硯函) : 축문이나 지방을 쓰는데 필요한 문방사우를 담아두는 함.

〈제사의 제구 위치〉

② 제기(祭器)

제기는 주로 목기나 유기를 함께 사용한다.

*시접(匙楪) : 수저를 담는 그릇. 대접과 비슷하다.

*모사기(茅沙器) : 제사에서 혼령을 모실 때 술을 따르는 그릇에 담은 띠의 묶음과 모래를 담는 그릇으로 보시기와 비슷하고 굽이 높다.

*준항(罇缸) : 술을 담는 항아리.

*탕기(湯器) : 국이나 찌개를 담아놓는 작은 그릇.

*병태 : 떡을 담아놓는 것으로 위판이 사각형인 그릇을 말한다.

*두(豆) : 굽이 높고 받침대가 있고 뚜껑이 있는 그릇. 김치와 젓갈을 담는다.

*준작(罇勺) : 술 따르는 그릇과 기구.

*주발(周鉢) : 밥을 담아놓는 그릇. 위가 벌어짐.

*시저(匙箸) : 숟가락과 젓가락.

*조(俎) : 고기를 담아놓는 직사각형 모양의 그릇.

*퇴주기(退酒器) : 제사를 올린 술잔을 물려 담는 그릇.

*변(籩) : 굽을 높게 만들어 과실을 담아놓는 그릇.

*주전자

*술병 : 자기로 만들어진 목이 긴 병이 좋다.

*둥근 접시 : 과일, 나물, 전 등을 담는다.

*사각 접시 : 떡, 적, 포, 조기는 굽이 높은 접시를 사용한다. 떡은 정사각형, 그 밖의 것은 장방형 접시에 담는다.

제상

향로

향합   향탁

교의

촛대   주독

모사기   신주

변

병대

조

탕기

적대   청장그릇

주배   퇴주그릇

주주

시접

메그릇

갱그릇

2. 제수(祭羞)의 종류

① 제수의 의미

제수는 한자(漢字)로 제수(祭需)라고 쓸 때는 제사에 소용되는 음식을 만들 재료와 비용을 뜻하고, 제수(祭羞)라고 쓰면 제상에 올릴 수 있게 조리가 끝난 제사 음식을 말한다.

전통의 제수(祭羞)는 오늘날에는 사용하지 않고, 실제로는 제사에만 준비하는 음식도 있는데, 고례에서 사용했기 때문에 상에 올리는 것이다.

예를 들어 초첩(醋楪)은 식초를 한 종지 올리는 것으로, 이것은 건강식품으로 하지 않았으나 생각되며 주가(酒架)에 정화수를 담아 올리는 현주(玄酒)는 술이 생기기 전 정화수로 제사를 지냈던 데서 유래한다고 볼 수 있다.

② 제수의 종류

*초첩 : 순수한 식초를 종지에 담아 올린다.

*반(飯, 메, 밥) : 제삿밥. 신위 수대로 주발식기에 담아 뚜껑을 덮는다.

*갱(羹, 국) : 제사에 올리는 국. 신위 수대로 대접 또는 주발에 담아 뚜껑을 덮는다. 소고기와 무를 네모로 납작하게 썰어 함께 끓인다. 고춧가루, 마늘, 파 등은 쓰지 않는다.

*면(麵, 국수) : 국수를 삶아 건더기만 건져 그릇에 담아 놓고, 그 위에 계란 노른자 부친 것을 네모나게 썰어 얹기도 한다. 떡을 올리지 않을 때는 면도 올리지 않는다. 면과 떡은 함께 올려지는 것이다. 떡을 신위 수대로 올릴 때는 면도 신위 수대로 올리고, 신위 수에 관계없이 떡을 한 그릇만 올릴 때는 면도 한 그릇만 올리면 되는데 뚜껑을 덮으면 더 좋다. 옛날에는 밥 외에 면도 올렸으나 요즈음은 일반적으로 생략한다.

*편(篇, 떡) : 화려한 색깔을 피한다. 팥도 껍질을 벗겨 가급적이면 흰 빛깔이 나도록 한다. 시루떡은 네모난 접시에 보기 좋게 괴어놓고 찹쌀가루로 빚어 기름에 튀겨서 꿀이나 조청을 바른 웃기를 얹는다. 그릇 수는 신위 수대로 올리기도 하고, 한 그릇만 올리기도 한다.

*편청 : 떡을 찍어 먹는 꿀이나 조청. 떡 그릇 수에 맞춘다.

*탕(湯) : 탕은 오늘날의 찌개다. 일반적으로 기제사에는 탕을 세 가지로 쓰고, 생일과 같은 큰 제례에는 다섯 가지를 쓴다.

1) 육탕(肉湯) : 소고기의 건더기만 탕기에 담아 뚜껑을 덮는다.

2) 어탕(魚湯) : 생선찌개의 건더기만 탕기에 담아 뚜껑을 덮는다.

3) 계탕(鷄湯) : 봉탕(鳳湯)이라고도 하며, 닭 찌개의 건더기만 탕기에 담아 뚜껑을 덮는다.

고춧가루 등의 조미료는 쓰지 않는다. 탕기에 담은 위에 다시마를 적당한 크기로 썰어 십자형으로 덮기도 한다.

*전(煎) : 기름에 튀기거나 부친 것. 적(炙)과 함께 계산해서 홀수가 되는 그릇 수로 올린다. 따라서 전만 올리면 짝수가 된다. 기제사에서는 전이라고 하지만, 세일사 등 큰 제례에서는 간남(看南)이라고 해서 수육, 육회, 어회 등을 모두 접시에 담는다.

*초장(醋醬) : 초간장이나 간장에 초를 타서 육전을 올릴 때 함께 올린다. 어회를 올릴 때는 개자(介子)를 어회와 함께 올린다.

*적(炙) :적은 구운 것으로 제수 중 특식에 속한다. 육적, 어적, 계적〔꿩〕의 세 가지를 올리는데 이유는 술을 올릴 때마다 바꾸어 올리기 때문이다. 망자가 생전에 좋아하던 음식을 올리고 싶다면 적을 대신해서 전통적인 것이 아닌 기호 식품으로 하는 것도 좋다.

*적염(炙鹽) : 적을 찍어 먹는 소금. 접시나 종지에 담아 하나만 준비한다.

*포(脯) : 마른안주. 고기를 말린 육포, 생선의 껍질을 벗겨서 말린 것, 문어나 마른 오징어 등을 네모난 접시에 담는다.

*해(醢) : 생선 젓갈. 대개 소금에 절인 조기를 쓴다. 약식으로 하는 제례인 차례에는 일반적으로 쓰지 않는다.

*혜(醯) :식혜 건더기를 접시에 담고 잣을 얹기도 한다. 식혜는 주로 차례에 생선젓 대신 쓴다.

*숙채(熟菜) :익힌 나물. 한 접시에 고사리, 도라지, 배추나물 등 삼색 나물을 곁들여 담는다.

*침채(沈菜) : 물김치. 희게 담근 나박김치를 보시기에 담아 올린다. 고춧가루로 조미하지 않는다.

*청장(淸醬) : 순수한 간장. 종지에 담아 올린다.

*과실(果實) : 나무에서 따는 생과(生果)와 곡식을 익혀서 만든 다식, 증과 등을 총칭한다. 그릇 수는 음(陰)수인 짝수로 2, 4, 6, 8접시로 올린다. 깨끗이 씻고 손질해서 보기 좋게 쌓아올린다.

*술 : 맑은 술(약주, 청주)을 병에 담고 마개를 막는다. 분량은 신위 수를 곱해서 4잔 정도로 한다.

*현주(玄酒) : 첫새벽에 아무도 뜨지 않은 우물에서 떠온 정화수를 말하며 병에 담아놓는다.

다(茶, 숭늉) : 대접에 두 그릇 준비한다. 일반적으로 일컫는 숭늉이 아니라 맹물에 밥 몇 알을 푼 것이다. 중국에서는 엽차를 올렸는데 우리나라에서는 차를 상용하지 않았기 때문에 숭늉을 쓴다.

3. 제수(祭羞)의 진설(陳說)

지방과 가문에 따라 다르며 옛 학자들의 주장도 한결 같지 않다. 다음에 예시한 진설법은 가장 일반화된 것이며 기본적인 제수를 중심으로 한 것이다. 제사음식의 종류에 따라 변경될 수도 있지만 각 열은 통일성이 유지되게 지키는 것이 바람직 할 것으로 본다.

제사를 지내기 하루 전에 몸과 마음을 깨끗이 한다. 깨끗이 쓸고 닦은 다음 제상을 차린다. 제청의 서북쪽 벽 아래에 남향으로 고서비동이 되게 신위를 모신다. 고서비동이란 아버님 신위는 서쪽에, 어머님 신위는 동쪽에 차리는 것으로, 〈가례〉에는 기일에 해당하는 신위만 모시도록 되어 있으나 〈속례〉로는 모시는 조상은 함께 모시는 것이 일반적이다. 제상 앞에 향안을 앞으로 놓고 그 위에 향로, 향합을 놓는다. 모사기는 그 앞에 놓는다. 향안 왼쪽에 축판을, 오른쪽에 술과 퇴주그릇을 놓는다.

① 제상 진설의 기본 원칙

1) 좌서우동 : 신위를 어느 쪽에 모셨든 영위를 모신 쪽이 北이되고 영위를 향해서 우측이 東이며 좌측이 西이다.

2) 어동육서(魚東肉西) : 생선과 고기를 함께 진설할 때는 생선은 東, 고기는 西이다. 따라서 세 가지 탕을 쓸 때는 어탕이 東, 육탕이 西, 계탕은 중앙에 놓이게 된다.

3) 이서위상 : 신위를 향해서 좌측이 항상 상위가 된다. 지방을 붙일 때 考位(아버지)를 왼편 즉 西쪽에 붙이는 이유도 여기에서 비롯된다.

4) 홍동백서(紅東白西) : 붉은색 과실은 동쪽, 흰색 과실은 서쪽에 진설하는 가문도 있다. 따라서 홍동백서로 진설하는 가문은 대추가 가장 우측, 밤이 좌측으로 진설한다.

5) 좌포우혜(左脯右醢) : 포를 좌에, 식혜를 우에 놓는다.

6) 두동미서(頭東尾西) : 생선의 머리가 동쪽 방향으로 꼬리는 서쪽으로 향하도록 한다.

7) 과실 중 복숭아는 제사에 안 쓰며 생선 중에서는 끝 글자가 치자로 된 꽁치, 멸치, 갈치, 삼치 등은 쓰지 않는다.

8) 제사 음식은 짜거나 맵거나 현란한 색깔은 피하는 것을 원칙으로 하고 고춧가루와 마늘은 사용하지 않는다.

9) 설에는 메(밥) 대신 떡국을 놓으며 추석 때는 메 대신 송편을 놓아도 된다.

10) 시저(수저)를 꽂을 때에는 패인 곳을 제주의 동쪽으로 메를 담은 그릇의 한복판에 꽂는다.

11) 두 분을 모시는 양위 합제 때는 메(밥)와 갱(국)과 수저를 각각 두벌씩 놓으면 된다.

12) 남좌여우(男左女右)라 하여 남자는 좌측, 여자는 우측에 모시는 것이 원칙이다.

13) 조(대추)는 씨가 하나로 나라 임금을 뜻하고 율(밤)은 세 톨로 삼정승, 시(감, 곶감)는 여섯 개로 육방관속, 이(배)는 여덟 개로 8도 관찰사를 뜻한다고 할 수 있으므로 조율시이의 순서가 옳다고 주장하는 학자가 더 많다.

② 진설하는 순서

126

1) 맨 앞줄 : 과실이나 조과(造果)를 진설한다.

① 조율이시 진설법

진설자의 왼편으로부터 조(대추), 율(밤), 이(배), 시(곶감)의 순서로 진설하고 다음에 호두 혹은 망과류(넝쿨과일)를 놓으며, 끝으로 조과류(다식, 산자, 약과)를 진설한다.

② 홍동백서 진설법

붉은색 과일을 동쪽(제관의 우측), 흰색 과일을 서쪽(제관의 좌측)에 진설하고 그 가운데 조과류인 다식, 산자, 약과 등을 진설한다.

2) 둘째 줄 : 반찬류를 진설한다.

좌포우혜의 격식에 따라 왼쪽에 북어포, 대구포, 오징어포, 문어포 등을 진설하고 오른쪽에 식혜를 차린다. 그 중간에 나물반찬으로 콩나물, 숙주나물, 무나물 순으로 차리고, 고사리, 도라지나물 등을 쓰기도 하며 청장, 침채는 그 다음에 진설한다.

3) 셋째 줄 : 탕을 진설한다.

어동육서라 하여 물고기 탕은 동쪽(우측), 육류탕은 서쪽(좌측)에 진설하고 그 가운데 채소 두부 등으로 만든 소탕을 진설하되 단탕, 삼탕, 오탕 등은 반드시 홀수(음수)로 쓴다.

4) 넷째 줄 : 적과 전을 진설한다.

① 어동육서 진설법에 의하여 어류를 동쪽에, 육류를 서쪽에 진설하며 그 가운데 두부, 채류를 진설한다.

② 두동미서라 하여 어류의 머리는 동쪽으로, 꼬리는 서쪽으로 향하게 진설한다. 동쪽은 진설자의 우측 서쪽은 좌측을 뜻한다.

5) 다섯째 줄 : 메와 갱을 진설하고 잔을 놓는다.

메(밥)는 오른쪽, 갱(국)은 왼쪽에 올리며, 잔은 메와 갱 사이에 올린다. 시저는 단위제의 경우는 메의 왼쪽에 올리며, 양위 합제의 경우에는 고위(考位)의 갱 옆에 놓는다. 면은 왼쪽 끝에 올리며 편은 오른쪽 끝에 올리고 청(조청, 꿀)은 편의 왼쪽에 차린다.

6) 향안 : 향로와 향합을 올려놓는 상

축판을 향안에 올려놓고 향로와 향합도 같이 올려놓으며 향안 밑에 모사기와 퇴주그릇,
제주 주전자 등을 놓는다.

양위가 모두 별세했을 때의 행사 방법은 합설함을 원칙으로 한다.

〈제사상 차림〉

2. 현대의 제례

　사람은 누구나 자기를 존재하게 한 근본인 조상에 보답해야 하며(報本之禮), 그것이 곧 효도(孝道)이다.

　효도란 부모와 조상을 극진한 정성과 공경으로 섬기는 일인데, 살아계신 동안 지성으로 섬겨야 하며 돌아가신 후에도 잊는다면 도리라 할 수 없다.

　조상에 대한 보답은 그러므로 살아계신 동안만 하는 것이 아니고 자기가 살아 있는 한은 멈출 수 없는 것이다. 그러므로 돌아가신 조상을 살아계신 조상 섬기듯이 모시는 것(事死如事生)이 효도이며 이는 제례를 통하여 행해지는 것이다.

　조상에 대한 제사는 원시시대부터 지내왔다. 처음에는 조상의 화상을 그려서 지내다가 문자로 위패를 써서 모시고 제사를 지내게 되었다고 한다. 지금 우리가 행하고 있는 제례는 고려 때부터 정립되었다 할 수 있다.

　고려 말엽에 포은 정몽주(圃隱 鄭夢周) 선생이 제정한 제례규정(祭禮規定)에 의하면 3품관 이상은 증조부모까지 3대를 제사지내고, 6품관 이상은 조부모까지 2대를 제사지내며, 7품관 이하 서민들은 부모만 제사지낸다고 했다. 조선조 〈경국대전(經國大典)〉에는 3품관 이상은 고조부까지 4대를 제사지내고, 6품관 이상은 증조부모까지 3대, 7품관 이하 선비들은 조부모까지 2대, 서민들은 부모만 제사지낸다고 했다.

　1894년 갑오경장(甲午更張)으로 신분제도가 철폐되면서 누구든지 고조부모까지 4대 봉사를 하게 되었다. 4대 봉사(四代奉祀)를 하는 이유는 생전에 고조부모의 사랑을 받았으므로 제사지내지 않을 수 없기 때문이다.

　외래종교에서는 조상의 위패(제사대상)를 모시고 제사지내거나 돌아가신 조상에게 절하는 것을 우상숭배라 하여 반대하고 있으나, 우리 국민 대부분은 조상을 우상으로 여기면서 어떻게 다른 신(神, 신앙)을 인정할 수 있느냐 하고 따르지 않고 있다.

더구나 도덕 윤리가 무너지고 탈선 청소년 문제 등 각종 사회문제가 심각해짐에 따라 조상을 섬기는 효사상의 중요성과 제례의 필요성이 크게 대두되고 있다.

돌아가신 조상을 살아계신 조상을 섬기듯이 모시려면 조상을 상징하는 표상(表像)이 필요하여 위패(位牌)를 만들었으며, 위패를 모시는 장소를 가묘라 한다.

옛날에는 조상의 표상으로 화상을 그려서 모셨기 때문에 영당(影堂)이라 했는데, 약 8백 년 전부터 글씨로 쓴 신주(神主)를 만들어 사당(祠堂)에 모시게 되었다. 농경(農耕)을 주업으로 정착생활을 할 때는 가묘를 짓고 조상을 모시기가 수월했으나 생활 여건의 변화로 지금은 가묘를 짓고 조상을 모시는 가정이 드물다.

항상 모시는 위패가 없으므로 필요시 임시위패를 제작하여 사용하는데, 그것이 지방(紙榜)이다. 그것이 현대에 와서는 사진을 모시는 경우도 있으나 후손들에게 효도사상을 가르치고 계승시키기 위해서는 가묘의 필요성도 요구되고 있다.

"살아 계신 조상은 받들면서 그 조상이 돌아가셨다고 해서 잊어버리고 박하게 한다면 심히 옳지 못한 일이다."라고 정자(程子)는 말하고 있다.

역대 조상의 신위를 사당에 모시는 종가에서는 삭망, 속절시식, 사시제, 기제사, 묘제 등 한 해에 무려 47회의 제사를 지내지 않으면 안 되었다고 한다. 현대는 생활형태가 주로 상공업, 서비스업 등으로 바뀌면서 가족들이 뿔뿔이 흩어져서 산다. 때문에 물질적으로 풍부해지고 교통이 편리해졌다고 하더라도 많은 회수의 제사를 지내기 위해 한자리에 모이는 것은 어렵다.

제사는 조상을 공경하는 마음과 효도하는 마음을 나타내는 의식이므로, 흩어져 있던 가족이 모여 돌아가신 조상의 유덕을 기리고 혈육간의 유대를 돈독히 하며, 자라나는 후손들에게 자신의 근본을 깨닫게 할 수 있는 풍습이므로 그 의미는 존중되어야 한다. 다만 까다로운 격식이나 복잡한 절차, 더러는 사치한 의식을 그대로 고집하는 일은 지양해야 할 것이다.

1973년 5월 대통령령으로 정부는 '가정의례준칙'을 제정하여 국민의 가정의례, 즉 혼례, 상례, 제례 등의 전반에 관한 절차와 내용들을 규정하였다. 이것은 다시 1980년 12월에 '가정의례에 관한 법률'이 제정된 후에 여러 번의 개정을 거쳐 현행 '가정의례준칙'으로 확정되어 오늘날까지 시행되고 있다.

이 장에서는 '가정의례준칙'에 의한 현대의 제례에 대해 설명하기로 한다.

1. 제사의 종류

가정의례준칙에서의 제사의 종류는 기제사, 묘제사, 절제사(원단과 추석)가 있고, 그밖에 가족, 친지와 더불어 사회적인 유대관계에 있는 사람들이 함께 참례하는 추도식과 위령제가 있다.

2. 봉사(奉祀)의 범위

① 기제사는 조부모, 부모의 2대 봉사를 원칙으로 하되 제주가 승안(承顔)한 조상, 무후(無後)한 조상은 제주 당대에만 모신다.

② 원단(元旦)에는 직계 조상을 대상으로 한다.

③ 묘제사의 봉사는 2대까지로 한다.

④ 추석 또는 중구(重九)는 직계 조상을 모신다.

일부에서는 가정의례준칙에 따라 2대 봉사를 하는 사람도 있지만, 아직 전통 제례대로 4대 봉사를 하는 사람이 많다.

가정의례준칙에서 절제사의 대상은 직계 조상으로 한다고 하고 대의 수를 명시하지 않은 것은 모순이며, 같은 명절의 차례인데도 절제사와 연시제로 구분한 것도 사리에 맞지 않다고 볼 수 있다.

3. 제사의 절차

① 모든 제사는 고인이 생전에 좋아하던 간소한 음식물을 진설한다. 다만, 공화(供花)로 써 제물을 대신할 수 있다.

② 모든 제례 절차는 단헌(單獻), 단배(單拜)하고 묵념 후에 다시 단배한다.

③ 제사에는 추도문 또는 축문을 읽는다.

④ 제복은 평상복으로 한다.

⑤ 모든 신주(불천위 포함)는 폐지하고 사진으로 대신한다.

⑥ 참사자는 직계 자손으로 한다.

이상이 가정의례준칙에 의한 제사에 관한 주요 항목인데 이론(異論)이 많다. 제수를 간소하게 하는 것은 좋지만 그것을 일상 때의 반상음식으로 한다는 것은 제사의 엄숙한 풍습을 저버리는 일이라고 주장하는 사람들도 있다. 그 이유는 일상의 음식과 같게 한다면 산 사람과 죽은 사람의 구분이 없어지게 된다는 것이며, 그렇다면 제사를 지내지 않는 것과 다름없다는 것이다.

가정의례준칙에 의한 제수 진설도(陳設圖)는 다음과 같다.

〈한 분 제상 차리기의 예〉

132

〈두 분 제상 차리기의 예〉

또 참사자를 직계 자손으로 한정한다는 것도 옳지 못하다는 사람들이 많다. 제사의 참여는 방계의 친족, 친지 누구든지 자유로워야 하며 제한할 필요가 없다는 것이다. 전해 내려오는 모든 예법이 그것을 허용하고 있는데 가정의례준칙에서만 불필요한 제한을 두는지 알 수 없다는 것이다.

4. 지방(紙榜)과 축문(祝文)

지방은 종이로 만든 신주를 말하는 것으로, 제사를 지내려면 사당에서 신주를 옮겨 모셔야 하는데 신주가 없을 때 대신 지방(紙榜)을 써서 봉안한다.

지방은 정해진 규격 없이 봉투처럼 접어서 쓰기도 하고 잘라 쓰기도 하는데 전통적으로 깨끗한 한지를 세로 22cm, 가로 6cm 정도 직사각형으로 만들어 위쪽을 둥글게 자른다.

지방은 붓글씨로 한자로 쓰는 것이 좋다. 쓸 때는 남자일 경우는 왼쪽에 오도록 하고, 비위(妣位)인 여자일 때에는 오른쪽에 오도록 하여 둘을 나란히 쓰고 배위(配位)가 둘이나 세 분이면 처음을 고위(考位)부터 써서 왼쪽에서 오른쪽으로 차례대로 써나간다.

일반적으로 관직이 없을 경우에는 '학생'이라고 쓰고, 관직이 있을 경우의 비위는 '유인'이라 쓰지 않고 고위의 관직명에 따라 봉한 명칭을 쓴다. 또한 고위는 성을 쓰지 않지만 비위는 성을 쓰기도 한다. 동생과 아들의 경우에는 '학생' 대신 '자사(自士)' 또는 '수재(秀才)'라고도 쓴다.

지방은 기제사, 설과 추석에 드리는 절사에 필요하다.

지방에 남자의 경우는 누구나 의례적으로 학생부군(學生府君)이라고 쓰고 있는데 이것은 잘못된 것이다. 원래 '학생(學生)'은 조선시대에 과거시험을 준비하는 예비 관원 신분의 사람들을 통틀어 지칭하던 말이다.

오늘날에도 생전에 관직에 있던 사람의 지방에는 당연히 그 관직명을 쓰고, 사설단체나 기업체 등에서의 직함도 쓰는 것이 좋다. 다만 관직을 쓸 때는 대표적인 직함 하나만을 간략하게 쓰는 것이 좋다.

또 박사나 석사, 학사와 같은 학위도 쓰는 것이 좋다. 여성의 경우에도 생전에 봉직했던 관직이나 사회적 직함 또는 학위를 쓰는 것이 좋다.

① 관직을 쓰는 경우

　顯祖考國會議員府君神位
　顯考大法官府君神位
　顯祖考陸軍中將府君神位
　顯考原通面長府君神位

② 사회 직함을 쓰는 경우

顯祖考靑少年善導委員府君神位

顯考辯護士府君神位

③ 학위 등을 쓰는 경우

顯祖考經濟學博士府君神位
　顯考文學碩士府君神位

④ 여성의 경우

顯妣國會議員潘南朴氏神位
顯妣敎師坡平尹氏神位
顯妣國民銀行代理全州李氏神位

〈벼슬을 지내지 않은 경우〉

고조부모		증조부모		조부모		부모	
顯高祖考學生府君神位	顯高祖妣孺人金海金氏神位	顯曾祖考學生府君神位	顯曾祖妣孺人全州李氏神位	顯祖考學生府君神位	顯祖妣孺人密陽朴氏神位	顯考學生府君神位	顯妣孺人密陽朴氏神位

자식 　아우 　형 　아내

아내
故室孺人陽州許氏 神位

형
顯兄學生府君 神位

아우
亡弟學生府君 神位

자식
亡子秀才○○ 神位

〈벼슬을 지낸 경우〉

고조부모 　증조부모 　조부모 　부모 　처

처
故室淑人慶州金氏神位

부모
顯妣文學士淸州韓氏 神位
顯東洋大學敎授府君 神位

조부모
顯祖妣淑人慶州金氏 神位
顯祖考通訓大夫行果川眩監府君神位

증조부모
顯曾祖妣 貞夫人 陽川 許氏 神位
顯曾祖考通政大夫成均館大司成府君神位

고조부모
顯高祖妣 貞敬夫人 安東 金氏 神位
顯高祖考崇綠大夫議政府左贊成府君神位

예란 것은 시대에 따라 변하는 것이다.

따라서 여성의 직함을 지방이나 축문에 쓰는 일은 문명이 고도로 발전되어 가는 오늘날에는 자연스럽게 발생되는 현상이라고 볼 수 있는 것이다.

⑤ 한글로 쓰는 경우

요즘은 한글로 지방이나 축문을 쓰는 경우도 많다.

한글로 쓸 때는 한자 문구를 그냥 한글로 표기하기도 하고, 그 뜻을 풀어 쓰기도 한다.

축문은 가능하면 한문으로 쓰는 것이 좋지만, 부득이한 경우 한글로 쓸 수 있다. 이 경우에도 문안은 한문으로 두고 글자만 소리대로 한글로 쓸 수도 있고, 뜻을 한글로 표현하여 쓸 수도 있다. 이런 경우에는 연, 월, 일도 양력을 사용하고 연호도 서력기원을 쓰는 것이 무방하다.

어머님 신위

아버님 신위

높으신 어머님 신위

높으신 아버님 신위

높으신 어머님 문학사 청송 심씨 신위

높으신 아버님 밀양군수 어른 신위

현비유인 전주 이씨 신위

현고 학생 부군 신위

서기 ○○○○년 ○월 ○일 효자 교장 ○○은 삼가
높으신 아버님 군청장 어른과 높으신 어머님께 말씀드립니다.
세월이 흘러 동지의 때가 되니 계절과 함께 추념하고
감동되어 사모하는 마음을 금할 수 없습니다.
이에 깨끗한 여러 음식을 갖추어 공손히 정기의 제향을
올리오니 흠향하시기 바랍니다.

5. 제삿날과 시간

가정의례준칙에 '기제사의 일시는 기일(忌日)의 일몰 후에 지낸다.'고 되어 있는데 합리적인 생각이다.

예서(禮書)에 기제사는 조상이 돌아가신 날의 먼동이 틀 때 시작해서 밝을 무렵에 끝내는 것으로 정하고 있으나 우리나라에서는 관습적으로 첫 새벽에 지냈다. 그러나 과거의 통행금지 제도, 주거 환경적 요인으로 인해 초저녁 제사를 지내오면서 제삿날에 대한 인식에 차이가 생겼다.

돌아가신 전날이 제사라고 생각해서 실제 돌아가신 전날의 초저녁에 지내야 한다고 하는 말도 있다.

새벽 제사를 지낼 때 돌아가시기 전날을 제삿날이라고 했던 데에서 나온 말인데, 제사 준비는 전날에 했지만 실제 제사를 지낸 시간으로 보면 돌아가신 날의 첫 새벽이다.

기일(忌日)이란 돌아가신 날이란 뜻이며, 축문에도 휘일부림(諱日復臨)이라고 해서 돌아가신 날이 다시 돌아온다고 했다. 초저녁에 지내려면 돌아가신 날의 일몰부터 자정이 되기 이전에 지내야 한다.

6. 차례

① 차례의 유래

차례는 간소하게 하는 예이다. 명절 때 조상에게 올리는 제사를 말한다.

차례는 명절에 지내는 속절제(俗節祭)를 가리킨다. 또 차례 자체도 지방에 따라 다르지만, 대개 정월 초하룻날과 추석에만 지내는 것이 관례로 되었다. 옛날에는 정초에 차례를 지낼 때 '밤중제사(또는 중반제사)'라 하여 섣달 그믐날 밤 종가(宗家)에서는 제물과 떡국을 차려놓고 재배(再拜), 헌작(獻酌), 재배한 다음, 초하룻날 아침에 다시 차남 이하 모든 자손이 모여 메를 올리고 차례를 지냈다. 모시는 조상도 고조부모·증조부모·조부모·부모의 4대를 대접하였으나 지금은 가정의례준칙에 의하여 조부모·부모의 2대만 제사 지낸다.

사당과 밀접한 관련이 있으며 정월, 동지, 보름, 매월 초하루에 차를 올리는 예라 하여 술잔 대신 차를 올리는 데에서 유래되었다고 본다. 근래에 사당이 거의 사라지게 되어 간단한 차례가 곧 명절 제사로 변천되어 추석과 설만 남게 되었다.

② 차례의 절차

명절날 차례가 다른 차례와 다른 점은 헌작(獻酌)은 한 번에 그치고 축문을 읽지 않는다는 점이다.

*신위봉안(神位奉安) : 윗대부터 차례대로 신위를 모시는 것.

*분향(焚香) : 제주가 읍한 자세로 꿇어앉아 세 번 향을 사르고 재배한다.

*강신(降神) : 제주가 읍한 상태로 꿇어앉아 집사가 강신 잔에 술을 따라주면 모사기에 세 번에 나누어 붓고 재배한다.

*참신(參神) : 제주 이하 남자는 2번, 여자는 4번 절한다.

*진찬(進饌) : 갓 준비한 제물을 윗대부터 차례로 올린다.

*헌작(獻酌), 유식(侑食) : 제주는 윗대 신위부터 차례대로 잔에 술을 따른다. 주부가

윗대 신위부터 차례대로 숟가락을 올려놓고 젓가락을 고른 후 시접에 걸쳐 놓는다.

　*낙시저(落匙箸) : 7, 8분 정도 조용하게 서 있다가 주부가 윗대부터 차례대로 숟가락을 내려놓고 젓가락을 내려 시접에 담는다.

　*사신(辭神) : 남자 2번, 여자 4번 절을 한다.

　*납주(納主) : 본래 위치로 신위를 모시고, 지방을 사용했을 때는 태워서 재를 향로에 담는다.

　*철상(撤床) : 제상에서 음식을 뒤에서부터 내린다.

　*음복(飮福) : 제사지낸 음식을 나눠먹으며 조상의 덕을 기린다.

3. 종교에서의 제례

종교를 가진 사람들은 대부분이 제사를 지내지 않으며 각 종교에서 행하는 추도식과 미사로 대신한다.

1. 기독교에서의 추도식

기일이 되면 가족들이 모여 목사의 주관으로 대략 다음 같은 순서로 추도식을 행한다.

*찬송 : '내 평생에 가는 길', '저 높은 곳을 향하여'를 부르는데, 선택은 목사가 알아서 한다.

*기도 : 주례 목사가 하는데 대부분이 유족들은 슬퍼하지만 말고 하늘의 영광을 바라보며 위안과 소망을 갖게 해달라는 내용이다.

*성경 봉독 : 추도식과 관련 있는 성경 구절을 낭독한다.

*찬송

*기념 추도 : 주례 목사가 고인의 행적 또는 유훈을 설교와 겸해 말한다.

*묵도 : 약 3분간 고인의 명복을 비는 묵념을 한다.

*찬송

*주기도문 : 참례자 일동이 함께 주기도문을 외운다.

기독교에서 제사를 지내지 않는 것은 고인을 추모하지 않는다는 것이 아니고, 고인을 신격화(神格化)하여 숭배하지 않는다는 뜻이다.

2. 천주교에서의 추도 미사

천주교에서는 장례를 치른 날로부터 3일, 7일, 30일째 되는 날에 연미사를 드린다.

첫 기일이 되면 연미사를 드리며, 가족이 다같이 고해성사와 성체성사를 받도록 한다. 추도 미사에 참례하는 사람들에게 간단하게 음식을 대접하기도 한다. 고인을 위하여 미사를 드리는 일은 성모께서 부탁하신 일이라 하여 근래에 들어서 특별히 강조하고 있다.

천주교에서는 11월 2일이 일종의 묘제라고 할 수 있는 날인데, 연옥(煉獄)에 있는 모든 영혼을 위하여 올리는 미사로 추사이망첨례(追思已亡瞻禮)라 하여 교우들이 묘지를 찾아가 고인의 영혼을 위하여 기도를 드리는 의식이다. 또 한국 가톨릭 지도서에는 '교우들이 일 년 중 어떤 날을 택하여 묘지를 찾아가 타인들이 성묘하는 날 잔디를 입히거나 잡초를 뽑는 것은 관계없다. 될 수 있는 한 교우들은 추사이망첨례날 묘지를 방문할 것이다.'라고 되어 있다. 특히 교우의 묘지가 있으면 이날 단체로 묘지를 방문하는 것은 좋은 풍속이다. 서양에서는 이날 사이가 안 좋은 사람들도 함께 묘지에 모이고, 특정한 묘지에 관계가 없는 교우들도 모두 모인다.

3. 불교에서의 추도 의식

불교에는 사십구제와 백일제처럼 고인의 명복을 비는 제(齋)가 있고, 소기(小朞)와 대기(大朞)에 제를 올린다.

위패를 절에 모실 경우 불가피한 사정으로 유가족이 참석하지 못해도 절에서 기일과 생일에 맞추어 제를 올려준다. 절차는 다음과 같다.

*개식 : 주례 스님이 선언한다.

*삼귀의례(三歸依禮) : 불법승(佛法僧)의 삼보(三寶)에 인간이 귀의한다는 의식을 거행한다.

*독경 : 일반적으로 반야심경을 읽는다.

*묵도 : 참석한 일동이 입정(入定 : 방에 들어가 앉음)하고 드린다.

*추도문 낭독 : 추도문을 읽을 때 고인 생전에 친했던 사람이 고인의 약력을 소개하기도 한다.

*추도사 낭독 : 고인과 유가족에 대해서 위안을 겸한 추도사를 한다.

*감상(感想) : 내빈 중 대표가 나와서 위로의 말을 한다.

*분향(焚香) : 유족이 분향을 하고 나서 참석한 사람들이 차례로 분향한다.

*답사 : 제주가 내빈에 대한 답례의 말을 한다.

*폐식

4. 일반 추도식

제사는 집안 되는 사람들이 모여서 지내지만, 고인이 국가와 사회에 덕망이 높았고 공익에 이바지한 바가 많으면 친척, 친지, 고인을 평소에 따르던 사람들, 단체 등에서 추도식을 갖는다.

추도식에 참석한 사람은 각기 분향 배례하고 유가족에게 인사한 뒤에 물러난다. 참석자는 모두 정중하고 엄숙하게 행동하며 옷차림은 검정색이 좋다.

보통 넓은 장소나 묘소에서 하는데 제사처럼 제물은 차리지 않고 다음과 같은 식순으로 한다.

*개식: 사회자가 선언.

*묵념 : 고인을 추모하는 묵념, 묘소일 경우는 배례를 하기도 한다.

*약력 보고 : 고인의 업적을 간추려 보고한다.

*추도사 : 고인을 추모하는 말.

*분향 : 영정에 향을 피우고 배례.

*폐식 : 사회자의 선언으로 추도식을 마친다.

5. 합동 위령제

전쟁이나 큰 사고, 또는 천재지변으로 많은 생명이 희생되었을 때 그 영혼들을 위로하는 제사이다.

위령제를 주관하는 측의 입장에 따라서 일반 의식이나 종교 의식으로 할 수 있다. 식순은 다음과 같다.

*제례 거행 선언

*주악

*일동 경례

*사건의 개략적인 보고

*추모사

*분향과 헌작

*일동 경례

*주악

*예필 선언

위령제에 참석하는 사람의 옷차림은 검정색 양복이나 흰색 한복으로 정장 차림을 하는 것이 예의이다.

위령제나 추모식에서의 분향, 헌작의 절차는 연고자와 대표자 몇 명으로 제한하여 혼잡을 막고 시간을 절약한다.

4. 전통 제례

제례의 근원은 옛날 천재지변, 질병, 사나운 맹수의 공격을 막기 위한 수단에서 비롯된 것이었는데, 이것이 유교사상의 영향을 받아 점차적으로 조상에 대한 존경과 애모의 표시로 변천하게 되어 제사를 드리게 되었다고 한다.

조상의 신위를 모시는 사람들은 매월 삭망(초하루, 보름)을 지냈고, 3월 3일에는 중삼절, 동짓날과 납일에는 속절시식(俗節時食)과 춘하추동(春夏秋冬), 중월(仲月)에 올리는 사시제(四時祭)와 사대조(四代祖)까지 올리는 기제사, 한식과 추석에 지내는 묘제, 설날에 지내는 연시제 등 많은 제사를 지내왔다.

우리나라는 수백 년 동안 사대봉사(四代奉祀)라 하여 종가의 장남이 조상의 제사를 지내왔고, 이런 까닭으로 동방예의지국이라 일컬어져 왔다.

1. 사당제(祠堂祭)

사당(祠堂)이란 조상의 신주(神主)를 모셔두고 제사를 드리는 곳으로 가묘(家廟)라고도 하며, 옛날 대부분의 가정에서 정신적 지주 역할을 했다.

그 근원은 문자시대 이전부터 조상의 화상(畵像)을 모신 것으로 시작되었다고 볼 수 있다. 그러다가 중국의 주자(朱子)가 그림이 변색되면 조상에게 죄송스럽고, 조금이라도 다르면 조상이라고 할 수 없다 주장하면서 문자로 쓴 신주로 바꾸어 지금에 이르고 있다.

하지만 지금도 산신당 등에서는 위패가 아닌 그림을 붙여 놓은 곳이 있다.

사람이 죽으면 상청(喪廳)에 신주를 모시고 제사를 드리다가 탈상이 지나면 상청의 영좌(靈座)를 없애고 사당으로 신위를 모셨다. 그리고 아침, 저녁으로 문안 인사를 드리고 외출할 때나 돌아와서, 또 연중행사나 혼례, 관례 등이 있을 때면 사당에 고했다.

사당은 조상의 신주를 모시는 종가(宗家)에 지었고, 동쪽에 위치하도록 했다.

① 사당의 구조

위치는 정침(正寢) 동편에 3칸으로 세우는데 앞에 문을 내고 문 밖에는 섬돌 둘을 만들어 동쪽을 조계(阼階), 서쪽을 서계(西階)라 하여 모두 3계단으로 하였다. 사당 안에는 4감(龕)을 설치하여 4대조를 봉안하는데, 반드시 북단에 남향으로 하고, 서편부터 제1감이 고조고비(高祖考妣), 제2감이 증조고비(曾祖考妣), 제3감이 조고비(祖考妣), 동편인 제4감이 고비(考妣)의 위(位)가 된다.

섬돌 앞에 가족이 차례로 서 있을 수 있는 서립옥(序立屋)의 동쪽에 서쪽 방향으로 주고(廚庫)라는 부엌 창고가 있는데 이곳의 북쪽 한 칸에 유서와 옷을 보관하고, 가운데 칸에는 제기(祭器)를, 나머지 칸에는 제수를 만들고 준비할 때 이용한다. 고조까지 모실 때는 북쪽에 시렁을 매고 4칸의 격판을 세운 다음 서쪽부터 고조부, 고조모, 증조부, 증조모, 조부, 조모, 부, 모를 차례로 모신다. 터가 마땅하지 않으면 거실이나 대청 또는 안방 한쪽에 감실(龕室)을 만들어 신주를 모신 주독(主櫝)을 남쪽으로 향하도록 북쪽 끝에 놓는다.

감 밖에는 휘장을 드리우며 각 위패마다 제사상을 놓고 그 위에 촛대 한 쌍씩을 놓으며, 최존위(最尊位) 앞에는 향상(香床)을 놓되 그 위에 향로는 서쪽, 향합은 동쪽에 놓는다. 사당은 담을 쌓아 가리고 앞에 대문을 만든다. 가문에 따라서 4대, 3대, 2대 봉사를 한다.

② 사당의 현알

*신알례(晨謁禮) : 매일 동틀 무렵에 의관을 갖추고 사당을 찾아뵙는 예이다. 제물은 차리지 않고 분향만 하는데 사당에 들어가 두 섬돌 사이에 있는 곳에서 두 번 절을 한다. 신알례는 상중에는 하지 않고 기일에 하며, 고조의 기일이면 제사 후에 지낸다. 또한 삭망이나 명절에는 하지 않는다.

*출입례(出入禮) : 외출 시나 귀가 시에 사당에 고하는 예이다. 가까운 곳으로 갈 때나 돌아와서는 사당에 들어가서 한 번 바라보는 첨례(瞻禮)를 한다. 밖에서 밤을 지내고 오게 될 경우에는 섬돌 사이의 향탁 앞에서 분향재배하며, 열흘 이상 걸릴 때는 향탁 앞에서 재

배하고 분향한 다음 꿇어앉아서 고사를 올리고 다시 재배한다. 한 달 이상 걸리는 외출 시에는 섬돌 밑에서 재배한 후 조계로 올라가 향탁에 꿇어앉아 고사를 올린 후 다시 재배하고 다시 조계로 물러나와 섬돌 밑에서 마지막으로 재배한다. 이때 주인 이외의 사람은 섬돌 밑에서 재배하면 된다.

*참례(參禮) : 신정, 동지, 초하루와 보름날에 지내는 제사이다. 보름날에는 술독만 열어놓고 신주도 꺼내 모시지 않으며 동지에 시제(時祭)를 지내면 사당 참례는 하지 않아도 된다. 신정에는 떡국, 동지 때는 팥죽을 올린다. 제사 전날 집 안팎을 깨끗이 청소하고 목욕재계를 한 후에 부정이 타지 않도록 한다. 모든 제사와 같은 형식으로 행한다.

*천신례(薦新禮) : 철따라 나온 과일이나 곡식, 생선 등으로 마련한 음식을 먼저 사당에 올리는 것이다. 새로 마련한 음식 등은 사당에 먼저 올린 후에 자손이 먹어야 한다.

*고사례(告事禮) : 집안에 특별한 일이 있을 때 축문을 지어 고하는 것이다.

2. 제사의 종류

① 대상에 따르는 구분

*기제사(忌祭祀) : 조상이 돌아가신 날마다 제사를 지내며 고조부모까지 드리는 것이 보통이다.

*세일사(歲一祀) : 기제사를 지내는 조상보다 더 위의 조상에 대해 1년에 한 번씩 지내는 제사이며 음력 10월 중 날을 정해 묘지에서 지낸다.

*시조제(始祖祭) : 각 성씨(姓氏)의 시조되는 분을 제사 지내는 것. 동지 때 지낸다.

*선조제(先祖祭) : 시조와 기제사를 드리는 조상 이외의 조상에게 지내는 제사로 입춘 때 지낸다.

*이제(禰祭) : 사당에 모신 조상 중에 자기 부모만을 다른 방에 따로 모셔 제사를 지내는데 통상적으로 매년 음력 9월 15일에 지내나 실제 부모님의 생신날에 지내면 좋다.

*상중제례(喪中祭禮) : 자신이 복을 입게 된 죽은 사람의 상사(喪事)와 관련된 조상에

게 지내는 제사.

② 장소에 따르는 구분
*사당제(祠堂祭) : 사당에 모신 조상께 드리는 제례.
*정침제(正寢祭) : 기제사나 이제처럼 제사를 드릴 조상의 신주만 다른 방에서 따로 모시고 드리는 제사.
*묘제(墓祭) : 산소에서 차례를 지내는 제사.

③ 날짜에 따르는 구분
*망일제(亡日祭) : 돌아가신 날에 지내는 기제사.
*생일제(生日祭) : 조상이 태어난 날 지내는 이제로 돌아가신 부모의 회갑 때도 드리는 제사.
*택일제(擇日祭) : 날짜를 택해서 지내는 제례.
*명절제(名節祭) : 동지, 입춘, 설날, 한식, 추석에 각 조상께 해당하는 제사를 드리는 것.

3. 제례의 방위와 참사자(參祀者)

① 방위(方位)
신주를 모신 곳을 북쪽으로 생각하면 신위 뒤쪽이 북쪽이고 앞이 남쪽이며, 왼쪽이 동쪽이고 오른쪽이 서쪽이다. 일정한 기준이 없이 좌우를 말할 때는 신위의 좌우를 말한다.

북쪽이 남쪽보다 위이고 중앙이 양끝보다 위다. 살아 있는 사람이나 기물은 동쪽이 위지만 신위는 서쪽이 위다.

또 상에 가까운 쪽이 위이므로 중앙을 중심으로 할 때는 동쪽에 선 사람은 중심인 서쪽이 위이다.

② 참사자(參祀者)

친척, 친지의 제례에 참여하려는 사람은 누구든지 참사할 수 있다. 가능하면 예복을 갖추어 입도록 하고 화려한 차림은 피한다.

남성의 차림은 한복에 도포를 걸치고 행전치고 유건이나 갓을 쓴다. 여성은 일반적으로 옥색 치마저고리를 입지만, 제례복이 마련되어 있으면 당연하게 그 옷을 입는다.

③ 참사자의 위치

자리가 신위에 가까울수록 윗세대이고, 남쪽으로 내려갈수록 아랫세대이다. 남자는 동쪽, 여자는 서쪽에 자리 잡는다. 축문을 읽는 사람은 자기 위치에 있다가 축문을 읽을 때만 주인의 왼쪽인 서쪽에 선다.

4. 제구(祭具)와 제기(祭器)

① 제구(祭具)

제구란 제례를 올리는데 필요한 기구로 제례 외에는 사용하지 않는 것이 좋다.

제구는 대체적으로 다음과 같다.

*병풍(屏風) : 화려한 그림이나 경사 잔치에 관련된 문구가 있는 것은 피한다.

*교의(交椅) : 신주나 위패를 놓아두는 의자이므로 제상이 높으면 교의도 높아야 된다. 그러나 요즘은 제상 위에 신위를 봉안하므로 없어도 된다.

*향안(香案) : 향로, 향합, 모사그릇을 올려놓는 작은 상. 향상(香牀).

*신위판(神位板) :지방(紙榜)을 붙이는데 쓰며 나무로 제작해 제상에 놓거나 액자 모양으로 제작해도 된다.

*제상(祭牀) : 120cm × 80cm 정도의 크기가 적당하다. 일반 교자상으로 대체해도 괜찮다.

*주가(酒架) : 주전자, 현주 병 등을 올려놓는 작은 상.

*소탁(小卓) : 신위를 봉안하기 전에 임시 올려놓는 작은 상.

*소반(小盤) : 제사 음식을 나를 때 사용함.

*촛대(燭臺) : 좌우 한 쌍을 준비한다.

*향로(香爐) : 향을 피우는 작은 화로.

*향합(香盒) : 술을 따르는 그릇에 담은 띠의 묶음과 모래를 담는 그릇이다.

*축판(祝板) : 축문을 끼워놓는 데 쓰며 뚜껑이 붙어 있는 판을 말한다. 결재판이나 흰 봉투로 사용해도 된다.

*돗자리 : 보통 하나면 되지만 묘지에서는 넉넉하게 준비해야 한다.

*지필묵연함(紙筆墨硯函) : 축문이나 지방을 쓰는데 필요한 한지, 붓, 먹, 벼루를 담아두는 함.

② 제기(祭器)

제기는 주로 목기나 유기를 함께 사용한다.

*시접(匙楪) : 수저를 담는 그릇. 대접과 비슷하다.

150

*모사기(茅沙器) : 제사에서 혼령을 모실 때 술을 따르는 그릇에 담은 띠의 묶음과 모래를 담는 그릇으로 보시기와 비슷하고 굽이 높다.

*준항(罇缸) : 술을 담는 항아리.

*탕기(湯器) : 국이나 찌개를 담아놓는 작은 그릇.

*병태 : 떡을 담아놓는 것으로 위판이 사각형인 그릇을 말한다.

*두(豆) : 굽이 높고 받침대가 있고 뚜껑이 있는 그릇. 김치와 젓갈을 담는다.

*준작(罇勺) : 술 따르는 그릇과 기구.

*주발(周鉢) : 밥을 담아놓는 그릇. 위가 벌어짐.

*시저(匙箸) : 숟가락과 젓가락.

*조(俎) : 고기를 담아놓는 직사각형 모양의 그릇.

*퇴주기(退酒器) : 제사를 올린 술잔을 물려 담는 그릇.

*변(邊) : 굽을 높게 만들어 과실을 담아놓는 그릇.

*주전자

*술병 : 자기로 만들어진 목이 긴 병이 좋다.

*둥근 접시 : 과일, 나물, 전 등을 담는다.

*사각 접시 : 떡, 적, 포, 조기를 담는 접시는 굽이 높은 것을 사용한다. 떡은 정사각형 접시에 담고 그 밖의 것은 장방형 접시에 담는다.

5. 제수(祭差)의 종류

① 제수의 의미

제수는 한자(漢字)로 '祭需'라고 쓸 때는 제사에 소용되는 음식을 만들 재료와 비용을 뜻하고, '祭羞'라고 쓰면 제상에 올릴 수 있게 조리가 끝난 제사 음식을 말한다.

전통의 제수(祭羞)는 오늘날에는 사용하지 않고 실제 제사에만 준비하는 음식도 있는데, 고례에서 사용했기 때문에 올리는 것이다. 예를 들어 초첩(醋楪)은 식초를 한 종지 올리는 것으로, 이것은 건강식품으로 하지 않았었나 생각되며, 주가(酒架)에 정화수를 담아 올리는 현주(玄酒)는 술이 생기기 전 정화수로 제사를 지낸 데서 유래한다고 볼 수 있다.

② 제수의 종류

*초첩 : 순수한 식초를 종지에 담아 올린다.

*반(飯, 메, 밥) : 제삿밥. 신위 수대로 주발식기에 담아 뚜껑을 덮는다.

*갱(羹, 국) : 제사에 올리는 국. 신위 수대로 대접 또는 주발에 담아 뚜껑을 덮는다. 소고기와 무를 네모로 납작하게 썰어 함께 끓인다. 고춧가루, 마늘, 파 등은 쓰지 않는다.

*면(麵, 국수) : 국수를 삶아 건더기만 건져 그릇에 담아 놓고, 그 위에 계란 노른자 부친 것을 네모나게 썰어 얹기도 한다. 떡을 올리지 않을 때는 면도 올리지 않는다. 면과 떡은 함께 올려지는 것이다. 떡을 신위 수대로 올릴 때는 면도 신위 수대로 올리고, 신위 수에 관계없이 떡을 한 그릇만 올릴 때는 면도 한 그릇만 올리면 되는데 뚜껑을 덮으면 더 좋다. 옛날에는 밥 외에 면도 올렸으나 요즈음은 일반적으로 생략한다.

*편(䭏, 떡) : 화려한 색을 피한다. 팥도 껍질을 벗겨 가급적이면 흰 빛깔이 나도록 한다. 시루떡은 네모난 접시에 보기 좋게 괴어놓고 찹쌀가루로 빚어 기름에 튀겨서 꿀이나 조청을 바른 웃기를 얹는다. 그릇 수는 신위 수대로 올리거나 한 그릇만 올리기도 한다.

*편청 : 떡을 찍어 먹는 꿀이나 조청. 떡 그릇 수에 맞춘다.

*탕(湯) : 탕은 오늘날의 찌개라 할 수 있다. 일반적으로 기제사에는 탕을 세 가지 쓰고, 생일과 같은 큰 제례에는 다섯 가지를 쓴다.

육탕(肉湯) : 소고기의 건더기만 탕기에 담아 뚜껑을 덮는다.

어탕(魚湯) : 생선찌개의 건더기만 탕기에 담아 뚜껑을 덮는다.

계탕(鷄湯) : 봉탕(鳳湯)이라고도 하며, 건더기만 탕기에 담아 뚜껑을 덮는다.

고춧가루 등의 조미료는 쓰지 않는다. 탕기에 담은 위에 다시마를 적당한 크기로 썰어 십자형으로 덮기도 한다.

*전(煎) : 기름에 튀기거나 부친 것. 적(炙)과 함께 계산해서 홀수가 되는 그릇 수로 올

린다. 따라서 전만 올리면 짝수가 된다. 기제사에서는 전이라고 하지만, 세일사 등 큰 제례에서는 간남(看南)이라고 해서 수육, 육회, 어회 등을 모두 접시에 담는다.

*초장(醋醬) : 초간장이나 간장에 초를 타서 육전을 올릴 때 함께 올린다. 어회를 올릴 때는 개자(介子)를 어회와 함께 올린다.

*적(炙) : 적은 구운 것으로 제수 중 특식에 속한다. 육적, 어적, 계적〔꿩〕의 세 가지를 올리는데 이유는 술을 올릴 때마다 바꾸어 올리기 때문이다. 망자가 생전에 좋아하던 음식을 올리고 싶다면 적을 대신해서 전통적인 것이 아닌 기호 식품으로 하는 것도 좋다.

*적염(炙鹽) : 적을 찍어 먹는 소금. 접시나 종지에 담아 하나만 준비한다.

*포(脯) : 마른안주. 고기를 말린 육포, 생선의 껍질을 벗겨서 말린 것, 문어나 마른 오징어 등을 네모난 접시에 담는다.

*해(醢) : 생선 젓갈. 대개 소금에 절인 조기를 쓴다. 약식으로 하는 제례인 차례에는 일반적으로 쓰지 않는다.

*혜(醯) :식혜 건더기를 접시에 담아 잣을 얹기도 한다. 주로 차례에 생선젓 대신 쓴다.

*숙채(熟菜) :익힌 나물. 한 접시에 고사리, 도라지, 배추나물 등 삼색 나물을 곁들인다.

*침채(沈菜) : 물김치. 희게 담근 나박김치를 보시기에 담아 올린다. 고춧가루로 조미하지 않는다.

*청장(淸醬) : 순수한 간장. 종지에 담아 올린다.

*과실(果實) : 나무에서 따는 생과(生果)와 곡식을 익혀서 만든 다식, 증과 등을 총칭한다. 그릇 수는 음(陰)수인 짝수로 2, 4, 6, 8접시로 올린다. 깨끗이 씻고 손질해서 보기 좋게 쌓아올린다.

*술 : 맑은 술(약주, 청주)을 병에 담고 마개를 막는다. 분량은 신위 수를 곱해서 4잔 정도로 한다.

*현주(玄酒) : 첫새벽에 우물에서 처음 떠온 정화수를 말하며 병에 담아 놓는다.

*다(茶, 숭늉) : 대접에 두 그릇 준비한다. 일반적으로 일컫는 숭늉이 아니라 맹물에 밥 몇 알을 푼 것이다. 중국에서는 엽차를 올렸는데, 우리나라에서는 숭늉을 쓴다.

6. 제수(祭羞)의 진설(陳設)

지방과 가문에 따라 다르며 옛 학자들의 주장도 한결 같지 않다. 다음에 예시한 진설법은 가장 일반화된 것이며 기본적인 제수를 중심으로 한 것이다. 제사 음식의 종류에 따라 변경될 수도 있지만 각 열은 통일성이 유지되게 지키는 것이 바람직 할 것으로 본다.

제사를 지내기 하루 전에 몸과 마음을 깨끗이 한다. 깨끗이 쓸고 닦은 다음 제상을 차린다. 제청의 서북쪽 벽 아래에 남향으로 고서비동이 되게 신위를 모신다. 고서비동이란 아버님 신위는 서쪽에, 어머님 신위는 동쪽에 차리는 것으로, 〈가례〉에는 기일에 해당하는 신위만 모시도록 되어 있으나 〈속례〉로는 모시는 조상은 함께 모시는 것이 일반적이다. 제상 앞에 향안을 앞으로 놓고 그 위에 향로. 향합을 놓는다. 모사기는 그 앞에 놓는다. 향안 왼쪽에 축판을, 오른쪽에 술과 퇴주그릇을 놓는다.

① 제상 진설의 기본 원칙

*좌서우동 : 영위를 모신 쪽이 北이고 영위를 향해서 우측이 東이며 좌측이 西이다.

*어동육서(魚東肉西) : 생선과 고기를 함께 진설할 때는 생선은 東, 고기는 西이다. 따라서 세 가지 탕을 쓸 때는 어탕이 東, 육탕이 西, 계탕은 중앙에 놓이게 된다.

*이서위상 : 신위를 향해서 좌측이 항상 상위가 된다. 지방을 붙일 때 考位(아버지)를 왼편 즉 西쪽에 붙이는 이유도 여기에서 비롯된다.

*홍동백서(紅東白西) : 붉은색 과실은 동쪽, 흰색 과실은 서쪽에 진설하는 가문도 있다. 따라서 홍동백서로 진설하는 가문은 대추가 가장 우측, 밤이 좌측으로 진설한다.

*좌포우혜(左脯右醯) : 포를 좌에, 식혜를 우에 놓는다.

*두동미서(頭東尾西) : 생선의 머리가 동쪽으로 꼬리는 서쪽으로 향하도록 한다.

과실 중 복숭아는 제사에 안 쓰며 생선 중에서는 끝 글자가 치자로 된 꽁치, 멸치, 갈치, 삼치 등은 사용하지 않는다.

제사 음식은 짜거나 맵거나 현란한 색깔은 피하는 것을 원칙으로 하고 고춧가루와 마늘은 사용하지 않는다.

설에는 메(밥) 대신 떡국을 놓으며 추석 때는 메 대신 송편을 놓아도 된다.

시저(수저)를 꽂을 때는 패인 곳을 제주 동쪽으로 메를 담은 그릇 한복판에 꽂는다.

두 분을 모시는 양위 합체 때에는 메(밥)와 갱(국)과 수저를 각각 두벌씩 놓는다.

남좌여우(男左女右)라 하여 남자는 좌측, 여자는 우측을 원칙으로 한다.

조(대추)는 씨가 하나로 나라 임금을 뜻하고 율(밤)은 세 톨로 삼정승, 시(감, 곶감)는 여섯 개로 육방관속, 이(배)는 여덟 개로 8도 관찰사를 뜻함으로 조율시이의 순서가 옳다고 주장하는 학자가 더 많다.

② 진설하는 순서

1) 맨 앞줄 : 과실이나 조과(造果)를 진설한다.

① 조율이시 진설법

진설자의 왼편으로부터 조(대추), 율(밤), 이(배), 시(곶감)의 순서로 진설하고 다음에 호두 혹은 망과류(넝쿨과일)를 놓으며, 끝으로 조과류(다식, 산자, 약과)를 진설한다.

② 홍동백서 진설법

붉은색 과일을 동쪽(제관의 우측), 흰색 과일을 서쪽(제관의 좌측)에 진설하고 그 가운데 조과류인 다식, 산자, 약과 등을 진설한다.

2) 둘째 줄 : 반찬류를 진설한다.

좌포우혜의 격식에 따라 왼쪽에 북어포, 대구포, 오징어포, 문어포 등을 진설하고 오른쪽에 식혜를 차린다. 그 중간에 나물반찬으로 콩나물, 숙주나물, 무나물 순으로 차리고, 고사리, 도라지나물 등을 쓰기도 하며 청장, 침채는 그 다음에 진설한다.

3) 셋째 줄 : 탕을 진설한다.

어동육서라 하여 물고기 탕은 동쪽(우측), 육류탕은 서쪽(좌측)에 진설하고 그 가운데 채소 두부 등으로 만든 소탕을 진설하되 단탕, 삼탕, 오탕 등 반드시 홀수(음수)로 쓴다.

4) 넷째 줄 : 적과 전을 진설한다.

① 어동육서 진설법에 의하여 어류를 동쪽, 육류를 서쪽에 진설하며 그 가운데 두부, 채류를 진설한다.

② 두동미서라 하여 어류의 머리는 동쪽으로, 꼬리는 서쪽으로 향하게 진설한다. 동쪽은 진설자의 우측 서쪽은 좌측을 뜻한다.

5) 다섯째 줄 : 메와 갱을 진설하고 잔을 놓는다.

메(밥)는 오른쪽, 갱(국)은 왼쪽에 올리며, 잔은 메와 갱 사이에 올린다. 시저는 단위제의 경우는 메의 왼쪽에 올리며, 양위 합제의 경우에는 고위(考位)의 갱 옆에 놓는다. 면은 왼쪽 끝에 올리며 편은 오른쪽 끝에 올리고 청(조청, 꿀)은 편의 왼쪽에 차린다.

6) 향안 : 향로와 향합을 올려놓는 상

축판을 향안에 올려놓고 향로와 향합도 같이 올려놓으며 향안 밑에 모사기와 퇴주그릇, 제주 주전자 등을 놓는다. 양위가 모두 별세했을 때는 합설하는 것을 원칙으로 한다.

7. 지방(紙榜)

지방은 종이로 만든 신주로서, 사당에 신주가 없을 때 대신 지방(紙榜)을 써서 봉안하는 것이다. 지방은 정해진 규격이 없이 접어서 쓰기도 하고 잘라 쓰기도 하는데, 전통적으로 깨끗한 한지를 세로 22cm, 가로 6cm 정도의 직사각형으로 만들어 위쪽을 둥글게 자른다. 지방은 붓글씨로 한자로 쓰는 것이 좋다. 쓸 때는 남자 조상일 경우는 왼쪽에 오도록 하고, 비위(妣位)인 여자 조상일 때에는 오른쪽에 오도록 하여 둘을 나란히 쓰고 배위(配位)가 둘이나 세 분이면 처음을 고위(考位)부터 써서 왼쪽에서 오른쪽으로 차례대로 써나간다. 일반적으로 관직이 없으면 '학생', 관직이 있을 때는 '유인'이라 쓰지 않고 고위의 관직명에 따라 봉한 명칭을 쓰도록 한다. 또 고위는 성을 쓰지 않지만 비위는 성을 쓴다. 동생과 아들의 경우에는 '학생' 대신 '자사(自士)'나 '수재(秀才)'라고도 쓴다.

〈벼슬을 지내지 않은 경우〉

고조부모	증조부모	조부모	부모
顯高祖妣孺人金海金氏神位 顯高祖考學生府君神位	顯曾祖妣孺人全州李氏神位 顯曾祖考學生府君神位	顯祖妣孺人密陽朴氏神位 顯祖考學生府君神位	顯妣孺人密陽朴氏神位 顯考學生府君神位
아내	형	아우	자식

亡子秀才○○ 神位

顯兄學生府君 神位

亡弟學生府君 神位

故室孺人陽州許氏 神位

〈벼슬을 지낸 경우〉

처	부모	조부모	증조부모	고조부모
故室淑人慶州金氏神位	顯東洋大學敎授府君 神位 顯妣文學士淸州韓氏 神位	顯祖考通訓大夫行果川眩監府君神位 顯祖妣淑人慶州金氏 神位	顯曾祖考通政大夫成均館大司成府君神位 顯曾祖妣貞夫人陽川許氏 神位	顯高祖考崇綠大夫議政府左贊成府君神位 顯高祖妣貞敬夫人安東金氏 神位

8. 축문(祝文) 쓰는 법

축문은 신명 앞에 고(告)하는 글이며 그 내용은 제사를 받는 신위께서 간소하게 차린 제수나마 흠향하시라고 고(告)하는 뜻이다. 그러므로 한문의 뜻을 해석해 보면 잘 알 수 있다. 요즘은 한글로도 많이 쓰는데 크기는 폭이 25㎝ 길이는 36㎝ 정도가 알맞다.

축문의 문구 중 유, 현, 향 세 글자는 다른 글자보다 한 글자 높이 올려서 쓰고 감, 소, 고, 우를 낮추어서 써야 되는 것이 원칙이다.

내용은 '언제, 누가, 누구에게, 무슨 일로, 무엇을'이라는 형식으로 고하고 제사를 받으시라는 순서로 이루어진다. 내용은 한문으로 쓰는 것이 좋다.

〈조부모(祖父母)께 올리는 축문〉

維歲次 ○○(太歲) ○월 ○○(月建)
朔 ○日 ○○(日辰)
孝孫 ○○(奉祀者名) 敢昭告于
顯祖考 ○○(某官) 府君 顯祖妣
○○(某封) ○○(本貫) ○(姓)
歲序遷易 懸祖考 諱日復臨 追遠感時
不勝永慕 謹以 淸酌庶羞 恭伸奠獻 尙饗

○○년 ○월 ○일 손자 아무개는 감히 고합니다. 해가 바뀌어 할아버지
(할머니) 돌아가신 날이 다시 오니 영원토록 사모하는 마음을 이기지 못하여
삼가 청주와 여러 음식으로 공손히 제사 드리오니 흠향하시옵소서.

*증조, 고조 때에도 같이 쓰되 제위와 봉사자의 촌칭만 촌수에 따라 달리 쓴다.

<부모(父母)께 올리는 축문>

維歲次 ○○(太歲) ○月 ○○(月建)

朔 ○日 ○○(日辰)

孝子 ○○(奉祀者名) 敢昭告于

顯考 ○○(某官 또는 학생) 府君 祖妣

○○(孺人 또는 某封) ○○(本貫) ○(姓)

歲序遷易 懸考 學生府君 諱日復臨 追遠感時

昊天罔極 謹以 淸酌庶羞 恭伸奠獻 尙饗

<남편에게 올리는 축문>

維歲次 (太歲) ○月 ○○(月建)

朔 ○日 ○○(日辰)

主婦 ○○○(姓名) 敢昭告于

顯壁 ○○(某官) 府君 歲序遷易

諱日復臨 追遠感時 不勝感槍 謹以

淸酌庶羞 恭伸奠獻 尙饗

9. 제사 드리는 순서

돌아가신 기일에 드리는 제사가 기제사인데 일 년에 한 번 지낸다. 제사는 원래 귀신에게 음식과 정성을 바쳐 기쁘게 해서 산 사람이 복을 받도록 하는 일종의 길례(吉禮)이다.

① 분향강신(焚香降神)

신위께서 강림하시어 음식을 드시도록 청하는 뜻으로 제주를 위시하여 모든 참사자가 신

160

위 앞에 선 다음 제주는 꿇어앉아 분향하고 잔이 차지 않게 따른 술잔을 제주로부터 받아서 모사기에 세 번으로 나누어 부은 후에 빈 잔은 제주에게 건네주고 일어나서 재배한다.

이에 앞서 제주가 신위를 모셔온다고 문 밖에 나갔다가 들어오고, 제사를 마친 후에도 다시 신위를 배웅하여 문 밖까지 나갔다가 들어오는 지방 풍속도 있다.

향을 피우는 것은 위에 계신 신을 모시는 것이고, 술을 따르는 것은 아래에 계신 신을 모시는 것이다.

② 참신(參神)

참신은 강신을 마친 후에 모두가 일제히 신위를 향하여 재배하는 것으로 첫 문안 인사 같은 것이다. 신주를 모시고 올리는 제사인 경우에는 참신을 먼저하고 지방인 경우에는 강신을 먼저 한다.

예전에는 남자는 두 번, 여자는 네 번씩 절을 했는데 이는 남녀 차별이 아니라 음양의 법칙에 의해 그렇게 했다.

③ 진찬(進饌)

갓 준비한 음식을 제상에 올리는 절차이다. 제주와 주부가 대청에 올라가면 집사 한 사람은 쟁반에 어육을 받들고 다른 한 명은 쟁반에 국과 밥을 받들어 따른다. 제주는 고위(考位)의 남쪽에 어육과 생선을 올리고, 주부는 밥을 들어 서쪽에 올리고 제자리로 돌아간다.

④ 초헌(初獻)

초헌은 신을 향사하는 의식의 시작으로 반드시 제주가 행하며 올린 후에 축문을 읽는다.

제주는 강신 때와 같이 꿇어앉아 분향한 후 좌집사로부터 받은 잔에 우집사가 술을 가득히 부어주면 오른손으로 잔을 들어 모사에 조금씩 세 번에 기울여 부은 뒤에 양손으로 받들어 집사에게 준다.

집사는 이를 받들어 먼저 고위 앞에 올린다. 다음으로 비위 앞에 올리는 잔은 모사기에 기울이지 아니하고 그대로 받아서 올리고 수저를 고른 후에 재배한다.

합사(合祀)일 경우에는 우선 고위에 올리고 두번째 잔을 받아서 그대로 비위에 올리고 수저를 고른 후 재배한다.

⑤ 독축(讀祝)

축문 읽는 것을 독축이라 하며 초헌 후에 일동이 꿇어앉으면 제주 옆에 앉은 축관이 천천히 크게 축문을 읽는다. 다 읽고나면 일동은 기립하여 재배한다. 독축은 초헌에 한한다.

축문을 읽고 나면 일동은 곡을 하고 조금 있다가 모두 일어나 두 번 절을 한다. 그러나 근래에 들어서는 이웃을 고려해서인지 곡을 생략한다.

⑥ 아헌(亞獻)

두 번째 잔을 올리는 것을 아헌이라 하며 주부가 하는 것이 예의지만, 주부가 올리기 어려울 때는 제주의 다음가는 근친자가 초헌과 같이 한다. 주부는 재배가 아닌 사배를 올리는 것이 관례이다.

주부는 계속해서 음식 등을 올릴 준비를 해야 하고 제소에 드나들기 어렵기 때문에 일반적으로는 형제들이 행하는 것이 관례이다

⑦ 종헌(終獻)

아헌자의 다음가는 근친자가 끝으로 올리는 것을 종헌이라 하는데 아헌과 같이 행하며 잔을 받아서 모사기에 세 번 기울였다가 올린다. 집안에 따라서는 저(箸)를 고르기도 한다. 종헌 후에는 술을 퇴주 그릇에 붓지 않고 그냥 놔둔다.

⑧ 첨작(添酌), 유식(侑食)

초헌자가 신위 앞에 꿇어앉아 우집사가 새로운 술잔에 술을 조금 따라주면 받아서 좌집사에게 준다. 좌집사는 이것을 받아, 종헌자가 종헌때 모사에 기울였기 때문에 차지 않은

잔에 세 번으로 나누어 첨작하고 재배한다. 첨작을 유식이라고도 한다.

이어서 제주가 숟가락을 밥그릇 한가운데에 꽂고 손잡이는 서쪽으로 향하게 하며 젓가락을 바르게 놓고 서남에 서서 제주와 함께 재배하고 제자리로 돌아간다.

⑨ 합문(闔門)

합문이란 참사자 일동이 강림하신 신위께서 진설한 제주 음식을 흠향하시도록 한다는 뜻으로 방에서 나온 후 문을 닫는 것을 말하는데 대청에서 제사를 지내는 경우에는 뜰아래로 내려와 조용히 기다린다.

단칸방이나 부득이한 경우에는 제자리에 조용히 엎드려 있다가 몇 분 후에 세 번 기침하고 일어선다. 이때 남자들은 문의 동쪽에 서서 서쪽을 향하고 여자들은 서쪽에 서서 동쪽을 향하고 기다린다.

⑩ 개문(開門)

개문이란 문을 여는 것으로, 합문한 후 제주는 문을 열기 전에 헛기침을 세 번 한 후 문을 열고 다같이 들어간다.

⑪ 헌다(獻茶)

숭늉을 갱과 바꾸어 올린 다음 수저로 메를 조금씩 세 번 떠서 말아 놓고, 저(著)를 고른 후 참사자 일동은 잠시 읍(揖)한 자세로 있다가 제주의 기침 소리에 따라 고개를 든다.

⑫ 철시복반(撤匙複飯)

헌다 후에 신위께서 음식을 다 드셨다고 생각되면 숭늉 그릇에 놓인 수저를 거두고 메 그릇에 뚜껑을 덮는다.

⑬ 사신(辭神)

참사자 일동은 두 번 절하고 신주는 본래의 사당으로 모시고, 지방과 축은 불살라 재를 숭늉그릇에 넣는다. 신위와 작별을 뜻하는 것이다.

⑭ 철상(撤床)

모든 제수를 뒤에서부터 물리는 절차이다.

⑮ 음복(飮福)

조상께서 물려주신 복된 음식이라는 뜻으로 제사가 끝나는 대로 참사자와 가족이 모여 함께 식사를 할 뿐만 아니라, 또는 이웃어른을 모셔다가 음식을 대접하기도 하고 나누어주기도 한다.

10. 차례(茶禮)

① 차례의 유래

차례는 간소하게 하는 예이다. 명절 때 조상에게 올리는 제사를 말한다.

차례는 명절에 지내는 속절제(俗節祭)를 가리킨다. 또 차례 자체도 지방에 따라 다르지만, 대개 정월 초하룻날과 추석에만 지내는 것이 관례로 되었다. 옛날에는 정초에 차례를 지낼 때 '밤중제사(또는 중반제사)'라 하여 섣달 그믐날 밤 종가(宗家)에서는 제물과 떡국을 차려놓고 재배(再拜), 헌작(獻酌), 재배한 다음, 초하룻날 아침에 다시 차남 이하 모든 자손이 모여 메를 올리고 차례를 지냈다. 모시는 조상도 고조부모·증조부모·조부모·부모의 4대를 대접하였으나 지금은 가정의례준칙에 의하여 조부모·부모의 2대만 제사 지낸다.

사당과 밀접한 관련이 있으며 정월, 동지, 보름, 매월 초하루에 차를 올리는 예라 하여 술잔 대신 차를 올리는 데에서 유래되었다고 본다. 근래에 사당이 거의 사라지게 되어 간단한 차례가 곧 명절 제사로 변천되어 추석과 설만 남게 되었다.

② 차례의 절차

명절날 차례가 다른 차례와 다른 점은 헌작(獻酌)은 한 번에 그치고 축문을 읽지 않는다는 점이다.

*신위봉안(神位奉安) : 윗대부터 차례대로 신위를 모시는 것.

*분향(焚香) : 제주가 읍한 자세로 꿇어앉아 세 번 향을 사르고 재배한다.

*강신(降神) : 제주가 읍한 상태로 꿇어앉아 집사가 강신 잔에 술을 따라주면 모사기에 세 번에 나누어 붓고 재배한다.

*참신(參神) : 제주 이하 남자는 2번, 여자는 4번 절한다.

*진찬(進饌) : 갓 준비한 제물을 윗대부터 차례로 올린다.

*헌작(獻酌), 유식(侑食) : 제주는 윗대 신위부터 차례대로 잔에 술을 따른다. 주부가 윗대 신위부터 차례대로 숟가락을 올려놓고 젓가락을 고른 후 시접에 걸쳐 놓는다.

*낙시저(落匙箸) : 7, 8분 정도 조용하게 서 있다가 주부가 윗대부터 차례대로 숟가락을 내려놓고 젓가락을 내려 시접에 담는다.

*사신(辭神) : 남자 2번, 여자 4번 절을 한다.

*납주(納主) : 본래 위치로 신위를 모시고, 지방을 사용했을 때는 태워서 재를 향로에 담는다.

*철상(撤床) : 제상에서 음식을 뒤에서부터 내린다.

*음복(飮福) : 제사지낸 음식을 나눠 먹으며 조상의 덕을 기린다.

11. 묘제(墓祭)

본래는 3월 상순에 택일하고 지내는 제사이나, 한식날 지내는 수가 많다. 일일이 기제사를 지내기 힘들 때 즉 대(代)가 다했을 때도 이렇게 지내면 된다.

묘제는 조상의 산소에서 지내는 제사를 말하는 것으로 세일제(歲-祭), 묘사(墓祀), 시사(時祀), 시향(時享), 시제(時祭)라고도 한다.

5대조 이상의 선조의 산소에 청명, 한식, 단오, 중양 때에 묘제를 드려왔으나, 근래에는 3월이나 10월에 날을 잡아 해마다 한 번씩 지내는 것으로 바뀌어오고 있다.

① 묘제의 준비

택일은 사시제(四時祭)와 같다. 하루 전에 제물을 준비하는데 묘마다 각각 따로 준비한다. 묘제는 밖에서 지내는 것이므로 차일을 친다. 그 외는 기제사와 같게 준비하면 된다.

묘제에서는 떡과 국수를 따로 쓰는 경우가 많고 탕은 다섯 가지로 하고 어육은 더 많은 종류를 쓴다. 상차림은 6열로 차리는 경우가 많다.

② 묘제의 절차

지방이나 신주가 필요하지 않으므로 참신을 먼저 한다. 그리고 유식, 첨잔, 합문과 개문의 절차가 없고, 삽시정저(揷匙定箸)는 초헌 때만 하고 나머지는 기제사와 같다.

날을 잡으면 목욕재계하고 제수를 준비한다. 또 청소를 하고 돗자리를 깐 후에 음식을 차리는 과정을 거친다. 절차는 다음과 같다.

*참신(參神) : 참사자는 모두 두 번 절함.

*강신(降神) : 초헌자는 향을 세 번 사르고 두 번 절함.

*초헌(初獻) : 첫 잔 술을 올린다.

*독축(讀祝) : 축문을 읽는다.

*아헌(亞獻) : 두 번째 술잔을 올림.

*종헌(終獻) : 마지막 술잔을 올림.

*헌다(獻茶) : 숭늉을 올림.

*사신(辭神) : 참사자 모두 절한다.

*철상(撤床)과 분축(焚祝) : 제수를 거두고 축문을 태움.

*음복(飮福) : 자손들이 음식을 나누어 먹는다.

③ 산신제(山神祭)

요즘은 산신제라고 하지만 예전에는 토지신(土地神)에게 제사를 드린다고 해서 후토제(后土祭)라고 했다.

묘제가 끝나면 미리 보아둔 묘의 왼쪽 땅을 고르게 하고 조상의 묘를 무사히 보살펴달라고 제사를 지내는 것이다.

산신제는 토지신에게 올리는 제사라 분향은 하지 않고 강신 잔만 준비해서 지내는데 술, 과실, 포, 등을 준비한다. 술잔과 젓가락은 하나만 준비한다. 근래에는 술을 한 번만 올리는 것이 보편화되었다.

[돌·수연(壽筵)]

돌은 초도일(初度日), 수일(晬日)이라고도 한다.
돌이라는 말은 '주(周)' '회(回)' 등에서
한자의 뜻을 인용한 것으로 보인다.
한국에서 돌잔치는 예로부터 행해져 오는 경축 행사로,
왕실에서 서민에 이르기까지 행하였다.
의학이 발달하지 못했던 과거에는 생후 1년 동안이
성장의 고비가 되었는데 그래서 1년을 넘긴 아이에게
돌은 재생의 기쁨을 맞는 날이었다고 할 수 있다.

1. 돌

돌은 초도일(初度日), 수일(晬日)이라고도 한다. 돌이라는 말은 '주(周)' '회(回)'등에서 한자의 뜻을 인용한 것으로 보인다.

한국에서 돌잔치는 예로부터 행해져 오는 경축 행사로, 왕실에서 서민에 이르기까지 행하였다. 의학이 발달하지 못했던 과거에는 생후 1년 동안이 성장의 고비가 되었는데 그래서 1년을 넘긴 아이에게 돌은 재생의 기쁨을 맞는 날이었다고 할 수 있다.

돌을 맞은 아이에게는 새 옷을 만들어 입히고, 쌀·떡·국수·과일 등 음식에 책·종이·붓·먹·활·화살(여자일 경우에는 활과 화살 대신 가위 ·자 ·바늘 등) 등을 곁들인 돌상을 차려 준다. 이 때에는 친척과 이웃이 모여서 축하해주며, 아이의 장래를 점치는 행사로 아이에게 상 위의 물건을 아무 것이나 집게 하는 '돌잡히기'를 하는데, 돈이나 곡식을 집으면 부자가 되고, 책·먹·붓을 집으면 문인이 되어 벼슬하며, 국수나 실을 집으면 장수하고, 활·화살을 집으면 장군이 된다고 생각하였다.

돌날 아기의 옷은 머리에 복건(幞巾)을 씌우고 몸에 쾌자(快子)를 입히는 것이 상례였으나, 점차 사라지는 추세에 있으며, 돌상 대신 서양 풍속을 따라 촛불을 켜고 케이크를 자르면서 돌을 축복하기도 한다.

돌상의 주격인 음식은 백설기와 수수팥떡이다. 백설기는 신성한 백색무구한 음식이고, 수수팥떡은 붉은 팥고물을 묻힌 차수수 경단으로, 빨간색이 액(厄)을 물리친다는 토속적인 믿음에서 비롯한 풍습이다. 아기 생일에 수수팥떡을 해주어야 자라면서 액을 면할 수 있다고 믿는 생각은 한국 전역에 걸친 것으로 아기가 10세가 될 때까지 생일마다 수수팥떡을 해준다.

백설기·수수팥떡·경단·대추·과일·쌀·국수·책·붓·먹·벼루·무명실·활(여아는 자) 등으로 상을 차리고 돌쟁이 어린애를 상 앞에 앉히는데, 아이는 상 주위를 돌다가 제 마음대로 붓도 집고 책도 집는다. 어떤 아이는 쌀을 맨 먼저 집기도 하는데 맨 먼저 집는 물건의 뜻을 좋게 해석해서 큰 부자가 되겠다는 등 축복하는 풍습이 있다. 앞에서 얘기한 대로 쌀·돈은 부유하게 되기를 희망하는 것이고, 국수·무명실은 장수하기를, 대추는 자손이 번창하기를 희망하는 것이다. 책은 글을 잘하여 학문에 통달하기 위함이고, 붓과 먹은 문필로서 유명하게 되기를 바라는 것이다.

〈남아의 돌 상차림〉

〈여아의 돌 상차림〉

2. 생일

나이가 많은 웃어른의 경우에는 생신(生辰)이라 하여 높여 말한다.

생일이 되면 세상에 태어났다는 것과 일생 동안의 건강·무사·장수·영화를 축원하며, 또한 축복을 받는 기념적인 행사가 크든 작든 따른다.

그런데 생일을 기념하는 일은 시간관념이 발달한 민족이 아니면 거의 없다. 예를 들면 아프리카·북아메리카의 원주민의 일부에서는 계산은 사악이고, 더구나 시간은 계산할 수 없는 것이라고 믿고 있으므로, 세대를 구분하는 연령 집단은 있으나 연령의 계산이나 생일 기념행사는 하지 않는다.

그러나 대부분의 민족들은, 생일은 인생의 어느 단계에서 다른 단계로 넘어가는 전환점으로 인식하며, 어느 민족은 이 시기가 선악의 신령이 서로 경쟁을 벌이는 위기점이라고도 본다.

주(週) 또는 달마다 생일을 축하하는 습관은 서아프리카·미얀마·고대 시리아 등에서 볼 수 있으며, 서아프리카의 튀족(族)은 생일에 달걀을 풀어 자기 몸에 바르고 수호신에게 행복을 기원한다고 한다.

그리스도교의 순교자는 순교한 날을 생일로 축복을 받는다. 죽음에 의해 그들은 영원한 생명을 얻는 것이라 믿기 때문에 새로이 태어난다는 이치로 보는 것이다. 그러나 세례자 요한과 성모 마리아는 원죄를 면했다 하여 출생일을 생일로 한다.

서양에서는 생일이 되면 생일 축하 케이크와 선물을 마련하여 생일파티를 베푸는데, 축하 케이크 위에 나이 수만큼 촛불을 꽂고 촛불을 단숨에 불어 꺼뜨리면 소원이 성취된다고 한다. 이것은 그리스시대에 여신 아르테미스의 생일(매월 6일)에 행한 인습에서 비롯한 것인데, 한동안 단절되었다가 중세 독일에서 다시 부활하였다.

유럽, 특히 독일의 농민들 사이에는 아기가 태어나면 나무를 심는 관습이 있고, 스위스에서는 사내아기가 태어나면 사과나무를, 여자아기가 태어나면 배나무를 심는데, 나무는 아기의 평생의 행복과 신비적인 관련이 있는 것으로 믿는다.

우리나라도 백일·돌·생일에 대한 습속이 옛날부터 있었다. 전래되는 풍속은 지방과 생활 여건에 따라 다소 차이가 있지만, 크게 나누어 치성을 드리는 행사와 음식잔치를 베풀어 줌으로써 유아의 성장을 지켜준 삼신(三神, 産神)에 감사하고 아울러 제액(除厄)·장수·초복(招福)을 기원하는 두 가지로 말할 수 있다.

첫 생일인 돌 이전에 생후 100일째가 되는 날을 '백일'이라 하여 축하하는데, 난 지 21일째가 되는 이른바 세이레까지의 여러 행사는 주로 아기를 보호하고 산모의 산후 회복을 위한 의례적인 것으로서 대부분 금기 사항이 중요시되는 반면, 백일은 순전히 갓난아기만을 중심으로 하는 아기 본위의 첫 축복 행사이다. 이날의 음식은 주로 떡이며, 떡은 백설기(흰무리)·수수팥떡·인절미·송편을 준비하는데, 백설기는 장수를 뜻하고 정결·신선함을 나타낸 것이며, 수수팥떡은 부정(不淨)을 막고 부정 살(煞)을 제거하는 주술적인 뜻이 있고, 인절미는 끈덕지고 여물기를, 송편은 속이 차라고 속을 넣은 것과 뜻이 넓기를 바라는 마음에서 속이 빈 송편을 만들어 준다.

생후 1년째가 되는 날을 '돌'이라 하여 백일잔치 때보다 비교적 큰 잔치를 베푼다. 생후 3년째까지는 흔히 두 돌, 세 돌이라 부르고, 이후부터는 생일이라 하여 세상에 태어난 의의를 축복해 주는 것이다.

또 61세가 되는 날을 '회갑(환갑)'이라 하는데 간지(干支)가 60년 만에 한 바퀴 돌아온다는 뜻에서 유래한 말이다. 이 날은 자손들이 헌수(獻壽)하며 큰 잔치를 베풀어 어른의 장수와 만복을 축하한다.

〈어른의 생일 상차림의 예〉

3. 수연

1. 수연례(壽筵禮)의 의미

수연(壽筵)이라는 말은 어른의 생신에 아랫사람들이 상을 차리고 술을 올리며 오래 사시기를 비는 의식이다.

고례에는 수연이라는 말이 없었고 헌수가장례(獻壽家長禮)라고 했다.

2. 수연의 종류

아랫사람이 태어난 날은 생일(生日)이라고 하며 웃어른의 생일은 생신이라 한다.

웃어른의 생신에 자제(子弟)들이 술을 올리며 장수를 비는 의식이 수연이므로 아랫사람이 있으면 누구든지 수연례를 행할 수 있을 것이다.

그러나 사회활동을 하는 아들이 부모를 위해 수연 의식을 행하려면 아무래도 어른의 나이가 60세는 되어야 할 것이므로 이름 있는 생신은 60세부터이고 구태여 그 종류를 나누어 보면 다음과 같다.

① 육순(六旬)

60대의 생신이다.

육순이란 열이 여섯이라는 말이고 육십갑자를 모두 누리는 마지막이다.

② 환갑(還甲)·회갑(回甲)

61세의 생신이다.

육십갑자를 다 지내고 다시 낳은 해의 간지[육갑]가 돌아왔다는 의미다.

③ 진갑(進甲)

62세 때의 생신이다.

다시 육십갑자가 시작한다는 의미이다.

④ 미수(美壽)

66세 때의 생신이다.

옛날에는 66세의 미수를 별로 의식하지 않았으나 77세, 88세, 99세처럼 같은 숫자가 겹치는 생신에 이름 붙였으며, 66세를 지나칠 수는 없는 것이라 하여 붙은 이름이다.

또한 현대는 66세는 모든 사회활동이 성취되고 은퇴하는 나이다. 그러나 아직은 여력이 있다고 할 수 있으니 참으로 아름다운 때라 하여 미수라 했다.

또 '미(美)' 자는 육십육을 뒤집어쓰고 바로 쓴 자여서 그렇게 이름 붙은 것이다.

⑤ 희수(稀壽)

칠순(七旬). 70세 때의 생신이다.

옛 글에 '사람이 70세까지 살기는 드물다'라는 데서 희수란 말이 생겼는데 그런 뜻에서 희수라 하면 '어른들은 너무 오래 살았다'라는 의미가 되어 자손으로서는 죄송한 표현이 된다. 따라서 열이 일곱이라는 뜻의 '칠순이 더 좋은 이름이라 하겠다.

⑥ 희수(喜壽)

77세 때의 생신이다.

'희(喜)'자를 초서로 쓰면 칠십칠이 되는 데에서 유래했다 한다.

⑦ 팔순(八旬)

80세 때의 생신이다.

열이 여덟이라는 말이다.

⑧ 미수(米壽)

88세 때의 생신이다. '미자'가 팔십팔을 뒤집고 바로 쓴데서 유래하였다.

⑨ 졸수(卒壽) · 구순(九旬)

90세 때의 생신이다.

'졸(卒)'자를 초서로 쓰면 구십(九十)인 데서 유래하였고 '졸'이라는 말은 '끝나다'의 뜻이므로 그만 살라는 의미가 되어 자손으로서는 입에 담을 수 없는 말이 되므로 오히려 열이 아홉이라는 '구순(九旬)'이 더 좋다고 하겠다.

⑩ 백수(白壽)

99세의 생신이다. '백(白)'자가 '백(百)'자에서 '一'을 뺀 글자이기 때문에 99로 의미해서 말하는 것이다.

수연례는 자손들이 어른에게 술을 올리는 헌수 절차와 외부 손님을 대접하는 연회 절차로 나누어서 행한다.

3. 헌수 절차

남녀 자손들이 지정된 자리에 북향해 선다. 수연 당사자에게 웃어른이 계시면 아들들이 남자 웃어른을 인도해 동쪽의 자리에 앉으시게 하고, 며느리들이 여자 웃어른을 인도해 서쪽의 자리에 앉으시게 한다.

큰아들과 큰며느리가 수연 당사자 내외를 인도해 큰상 앞으로 와서 남자 어른은 동쪽에서 서향해 서고 여자 어른은 서쪽에서 동향해 마주 선다.

남자 어른과 여자 어른이 평절로 한 번 맞절을 한다. 만일 주악이 있으면 이 때부터 울린다. 남자는 재배, 여자는 4배를 하는데 자손들이 부축한다.

남녀 어른은 큰아들 내외의 인도를 받아 동쪽의 남자 웃어른 앞으로 가서 술을 한 잔씩 올리고 절을 한다. 답배하여야 할 웃어른은 답배한다.

다시 서쪽으로 가서 여자 웃어른에게도 그렇게 한다.

남자 어른은 큰아들의 인도를 받아 큰상의 동쪽으로, 여자 어른은 큰며느리의 인도를 받아 큰상의 서쪽으로 돌아 각기 정한 자리에 남향해 앉는다.

큰아들과 큰며느리는 물러나서 자리에 선다. 모든 자손이 남자는 재배, 여자는 4배를 한다.

큰아들과 큰며느리가 술상 앞으로 나아가 아들은 동쪽, 며느리는 서쪽에 북향해 꿇어 앉는다.

여자 어린이가 잔반을 들어 주면 큰아들 내외가 받고, 남자 어린이는 큰아들 내외의 잔에 술을 따른다.

큰아들은 일어나서 술잔을 받들어 남자 어른에게 올리고, 큰 며느리는 일어나서 여자 어른에게 술잔을 올린 다음 공수하고 서 있는다.

어른이 술을 마시고 잔을 주면 받아서 술상 위에 놓고 큰 아들은 재배, 큰며느리는 4배 한다.

큰아들 내외는 꿇어앉고 큰아들이 축수(祝壽)한다. 남녀 어른이 대답한다.

만일 헌수할 자손이 많으면 큰아들 내외가 헌수할 때 큰아들의 자손들은 그 뒤에 늘어서서 함께 절한다. 이어서 작은아들, 딸, 동생, 조카의 순으로 부부가 나가서 아들 내외가 헌수하듯이 헌수한다.

헌수가 끝나면 어른이 일하는 사람에게 '아이들에게 마실 것을 주라'고 명한다.

일하는 사람들이 음료와 안주가 담긴 쟁반이나 작은 상을 날라다가 자손마다 한 상씩 준다.

자손들은 두 손으로 주안상을 받아 바닥에 놓고 모두 함께 남자는 재배, 여자는 4배를 한다.

모두 앉아서 음료를 마신다. 남녀 어른이 교훈이나 소감을 말하기도 한다.

남녀 어른이 '이제 나가서 오신 손님을 정성껏 대접하라'고 자손에게 명한다.

남녀 자손이 일어나서 남자는 재배, 여자는 4배 하고 각기 상을 들고 나간다.

4. 연회 절차

사회자가 "지금부터 ○○○선생님(여사님)의 ○○회 생신 수연회를 시작하겠습니다. 여러분께서는 자리에서 일어나 주시기 바랍니다." 하고 말한다.

남자 자손은 큰상의 동쪽, 여자 자손은 서쪽에서 차례대로 남향해 선다.

당사자와 웃어른도 일어난다.

*일동 경례

*약력 소개 : 제자나 후배 중에서 미리 정한 사람이 사회석으로 나가 약력을 소개한다.

*모시는 말씀 : 자손의 대표가 정중한 인사말을 한다.

*축사·송사 : 큰아들 내외가 축사할 손님을 정중히 맞이한다.

*축사·송사·축전 등을 차례대로 소개한다.

*기념품·선물 증정 : 사회자가 소개한 대로 준비된 기념물이나 선물을 증정한다. 자손들이 먼저 하고 손님이 나중에 한다.

*답사 : 수연 당사자 어른이 인사한다.

*송수 건배(頌壽乾杯) : 미리 정한 사람이 앞으로 나와 잔을 높이 들면 모두 잔을 높이 든다.

*여흥 : 음식을 먹으며 즐긴다.

〈수연례 상차림〉

(北)

여자어른   남자어른

생선젓 식혜 국수 수저 국 밥   수저 국 밥 국수 수정과 약과

초장 마른 나물 김치   간장 물김치 찌개 겨자

육포·어포   회 부침 구이 신선로 구이 수육 회 설탕 떡

밤 배 산자 다식 유과 은행 잣 호도 귤 사과 감 대추

여자어린이 술잔 술잔 술병 남자어린이

〈수연례 배치도〉

(北)

(병풍)

여자 어른   수연 당사자   여러 형들

여자웃어른 상 술상   큰 상   술상 상 남자웃어른

(사회) 여자어린이   술 상   남자어린이

(西)   (東)

여자 ← ⑤④③②①   자 리   ①②③④⑤ → 남자

제수 여동생들   동생들

질녀 질부 딸 작은며느리 큰며느리   큰아들 작은아들 사위 조카

손녀 다른손부 큰손부   큰손자 다른손자 손서

여자손님   남자손님

(南)

꼭 알아 두어야 할 생활속의 관혼상제와 돌 · 수연

관혼상제

인쇄일 | 2016년 9월 15일
발행일 | 2016년 9월 25일

지은이 | 사상사회연구소
감　수 | 차종환 박사
대　표 | 장삼기
펴낸이 | 신지현
펴낸곳 | 도서출판 사사연

등록번호 | 제10 – 1912호
등록일 | 2000년 2월 8일
주소 | 서울시 강서구 강서로 29길 55, 301(화곡동)
전화 | 02–393–2510, 010–4413–0870
팩스 | 02–393–2511

인쇄 | 성실인쇄
제본 | 동신제책사
홈페이지 | www.ssyeun.co.kr
이메일 | sasayon@naver.com

임시특가　8,000원
ISBN 979–11–956510–2–3　03740